ブルーガイド
てくてく歩き ⑧

# 伊豆諸島 小笠原

# 目次　てくてく歩き ── 伊豆諸島・小笠原

Page　Contents
- 4　目的別さくいん地図
- 6　遥かなる島で忘れえぬ感動を
- 8　火山と黒潮が育む島々へ
- 10　ベストシーズンカレンダー

- 12　旅の準備のアドバイス
- 13　フリープラン型ツアーで予約 〜伊豆諸島編〜
- 14　個別手配で予約
- 19　出発前に確認！　本土側の港・空港について
- 22　ツアーで楽々島旅へ

##  大島・利島

- 26　大島
- 34　三原山ハイキング
- 38　大島公園で椿を見る
- 40　元町
- 44　岡田・空港周辺
- 47　波浮

- 54　利島

##  新島・式根島・神津島<br>三宅島・御蔵島

- 58　新島
- 62　青く輝く新島の海へ
- 64　コーガ石と新島ガラス

- 71　式根島
- 74　海と一体の露天風呂
- 76　遊べる絶景ビーチ

- 79　神津島

- 83　三宅島

84 山と海を満喫

88 **御蔵島**
90 ドルフィンスイムに挑戦

## 八丈島・青ヶ島

96 **八丈島**
100 三根・大賀郷
104 島時間カフェと伝統料理の店
106 三原山の森へ
109 八丈富士に登る
110 海・山ツアーで豊かな自然を満喫
112 樫立・中之郷・末吉
114 自慢のいで湯に癒やされる
115 八丈島みやげ

119 **青ヶ島**

## 小笠原

122 How to 小笠原旅行
124 おがさわら丸 早分かりガイド
126 タイプ別モデルプラン

128 **父島**
130 ドルフィンスイム
132 ホエールウォッチング
134 マリンスポーツ
136 南島遊覧ツアー
138 海と山のいきもの図鑑
140 トレッキングツアー
146 父島のビーチ
148 小笠原の歴史

149 **母島**
153 海と山の絶景を堪能

156 小笠原みやげ
158 さくいん

**てくちゃん**

てくてく歩きシリーズの案内役を務めるシロアヒル。趣味は旅行。旅先でおいしいものを食べすぎてほぼ飛ぶことができなくなり、徒歩と公共交通機関を駆使して日本全国を気ままに旅している。

●宿の宿泊料金は、原則として、一番多いタイプの部屋を1室2名で利用した場合のひとりあたりの最低料金を表示しています。
●各種料金については大人のものを載せています。
●店などの休みについては、原則として定休日を載せ、年末年始やお盆休みなどは省略してありますのでご注意ください。
●航路については、台風など天候により便数が減少する場合や、欠航になったりする場合があります。事前にご確認ください。
●この本の各種データは2017年10月現在のものです。これらのデータは変動する可能性がありますので、ご承知おきください。

～世界自然遺産・小笠原諸島～

# 遥かなる島で忘れえぬ感動を

写真／野元 学

**ザトウクジラ**

　小笠原では、2月から4月にかけてがザトウクジラを見るベストシーズン。ブリーチングといわれる豪快なジャンプは、ザトウクジラの特徴的なパフォーマンス。右ページ後方に見える赤い岩は千尋岩（通称・ハートロック）。

　東京都心から南へ約1000km、片道24時間の船旅の末、美しい海と白い砂浜が出迎えてくれる小笠原も、れっきとした東京都だ。鮮やかなブルーの海、固有の動植物が息づく深い森、そして眩しすぎる陽光。小笠原から発せられる南国カラーは強烈で、圧倒的な感動を旅人に印象づける。

　そして、人々を魅了してやまないのが、冬から春に小笠原近海で見られるザトウクジラ。運よく間近でジャンプする姿が見られたら、ホエールウォッチングの船上にいる一同は大興奮。ほんの一瞬の感動でも、小笠原の海が与えてくれるこの醍醐味は心の奥深くまで刻まれる。

〜個性豊かな伊豆諸島の島々〜

# 火山と黒潮が育む島々へ

　東シナ海から太平洋へ流れ込む黒潮。その巨大な流れの途中にある伊豆諸島は都心より約120km離れた伊豆大島をはじめ約358km離れた青ヶ島など、活火山を含む9つの有人島と100余りの無人島で構成されている。

　伊豆諸島周辺の海には野生のイルカが生息しており、一緒に泳げることでも知られている。美しい白砂のビーチでのサーフィンや、シュノーケリングなどマリンアクティビティは通年楽しめる。また伊豆諸島近海は好漁場で、釣り客にも人気だ。

　自然豊かなのは海だけではない。島には多量の雨が降り、豊かな森を形成している。そしてその森では数多くの固有の植物や貴重な野鳥たちが育まれているのだ。また、火山特有の地形が生み出すダイナミックな景観や雄大な景色が眺められる温泉も島を旅する人々を魅了してくれる。

⚠ ：冬期は船の着岸率が低め

### ❶ 大島　おおしま　p.26参照

伊豆諸島最大の島。お鉢巡りで見られる三原山の雄大な景観は印象的。南東部の波浮港は文人も愛した景勝地。

周囲約52km／7911人

### ❻ 三宅島　みやけじま　p.83参照

中心に雄山がそびえる島。火山島ならではの絶景巡りやダイビングが人気。野鳥の種類が豊富。

周囲38.8km／2551人

### ❷ 利島　としま　p.54参照 ⚠

端正な姿の宮塚山がそびえる島で、ツバキの栽培が盛ん。特産品は生産量日本一のツバキ油。伊勢海老も有名。

周囲約8km／322人

### ❼ 御蔵島　みくらしま　p.88参照 ⚠

御山を中心とした円形の島。スダジイの巨樹が生い茂り、島の周りに野生のイルカが生息する。

周囲約16.8km／313人

### ❸ 新島　にいじま　p.58参照

白砂のビーチが続く羽伏浦海岸はサーファーの聖地。コーガ石から作られたモヤイ像でも知られている。

周囲28.2km／2224人

### ❽ 八丈島　はちじょうじま　p.96参照

ふたつの火山からなる島。トレッキングや温泉巡りが楽しめ、大坂峠などの絶景ポイントも外せない。

周囲58.91km／8231人

### ❹ 式根島　しきねじま　p.71参照

入り組んだ海岸線をもち、美しい景観を生み出している。地鉈温泉など野趣あふれる温泉巡りができる。

周囲約12km／523人

### ❾ 青ヶ島　あおがしま　p.119参照 ⚠

伊豆諸島の有人島としては最南端。外輪山と内輪山の2つの火山を持つ。二重カルデラという珍しい地形の島。

周囲約9km／166人

### ❺ 神津島　こうづしま　p.79参照

伊豆諸島ができた頃、神々が集まり話し合いをしたという神話が残る島。天上山ハイキングも人気。釣り客も多い。

周囲22.0km／1896人

火山と黒潮が育む島々へ

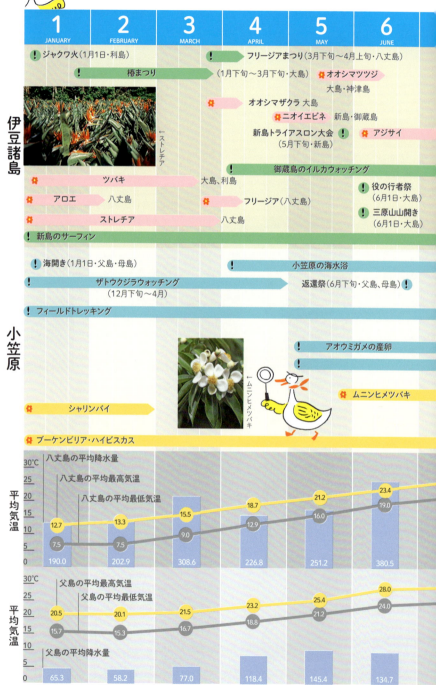

| ! 伊豆諸島のイベント | ✿ 伊豆諸島の花 | ! 小笠原のイベント | ✿ 小笠原の花 |

| 7 JULY | 8 AUGUST | 9 SEPTEMBER | 10 OCTOBER | 11 NOVEMBER | 12 DECEMBER |

! 八丈島の海水浴 (7月〜9月中旬)
! 泊神社秋祭り (11月第2金曜日・式根島)
! 大島の海水浴 (7月中旬〜8月)
! 新島オープンウォータースイミング (7月上旬・新島)
! オータムフェア (10月上旬〜12月中旬・大島)
! 御笏神社牛頭天王祭 (7月第3曜日・三宅島)
! 物忌奈命神社例大祭 (8月1日〜2日・神津島)
! 国際ガラスアートフェスティバル (10月下旬〜11月下旬・新島)
大島
! 稲根神社例大祭 (8月第1日曜日・御蔵島)
! WERIDE三宅島エンデューロレース (11月上旬・三宅島)
! 牛祭り (8月10日・青ヶ島)

←新島のサーフィン (4月〜10月)

✿ ツバキ
✿ アロエ
✿ ストレチア

(4月〜10月)
ザトウクジラウォッチング (12月下旬〜4月) !

! サマーフェスティバル (8月〜9月上旬・父島、母島)

(5〜8月)
カウントダウンパーティー (12月31日・父島) !

マッコウクジラウォッチング (5月〜11月)

✿ ムニンノボタン・ハハジマノボタン
✿ シャリンバイ
✿ ムニンフトモモ

平均降雨量

| | 7 | 8 | 9 | 10 | 11 | 12 |
|---|---|---|---|---|---|---|
| 気温(黄) | 27.2 | 29.3 | 27.5 | 23.6 | 19.7 | 15.7 |
| 気温(灰) | 22.9 | 23.9 | 22.2 | 18.3 | 13.9 | 9.7 |
| 降雨量 | 224.6 | 179.3 | 338.9 | 465.9 | 250.7 | 182.9 |

平均降雨量

| | 7 | 8 | 9 | 10 | 11 | 12 |
|---|---|---|---|---|---|---|
| 気温(黄) | 30.0 | 29.9 | 29.7 | 28.3 | 25.6 | 22.4 |
| 気温(灰) | 25.4 | 25.9 | 25.5 | 24.1 | 21.3 | 17.8 |
| 降雨量 | 80.9 | 112.6 | 131.1 | 132.1 | 128.2 | 108.7 |

てくてく歩きで行く旅

# 旅の準備のアドバイス

## 予約方法の選択

### ■フリープラン型ツアーか個別予約か検討する

島への旅では宿や乗船券・航空券の予約がマスト。中には宿の予約がなければ上陸できない島もある。旅行会社などで扱っているフリープラン型ツアー（往復乗船券もしくは航空券と宿のセット）は、それぞれ個別に予約する必要がないので手間が少ない。インターネット上からも手軽に予約でき、乗船券や宿泊料金についても通常の料金より安く設定されていることが多いので、予約方法としてはフリープラン型ツアーも活用したい。

一方で、夏季などの繁忙期の場合はツアーの価格が上がるため、個別に手配する方が割安になることもある。繁忙期に旅行する場合や、直前になって旅行を決めたりするようなときは、個別予約の手配で上手に旅することも検討しよう。次のページからは、そんな旅の準備のノウハウを紹介。

フリープラン型ツアーは旅行会社のサイトやパンフレットを参考に！

### 旅行会社のフリープランを利用
➡ p.13へ

- ●フリープランのメリット
  - ・宿泊代＋交通費がセットなのでまとめて手配できて楽
  - ・自分で個別手配するより安い場合も

▼

- ●手配の仕方
  - ・旅行会社の窓口で探す
  - ・各種パンフレットなどから探す
  - ・旅行会社のホームページで探す

### 宿と乗船券・航空券を個別に手配する
➡ p.14へ

- ●個別予約のメリット
  - ・フリープランにはない宿に泊まれる
  - ・行きはジェット船、帰りは飛行機など、組み合わせ方が自由

▼

- ●手配の仕方
  - ・東海汽船、神新汽船、小笠原海運のHPをチェック
  - ・各観光協会のHPで宿泊施設をチェック

## フリープラン型ツアーで予約 〜伊豆諸島編〜

東京発、2017年11月18日(土)に八丈島で1泊2日の行程で、八丈ビューホテル・おとな2名1室利用・1泊2食付きで予約した場合のひとりあたりの料金を比較してみよう。(小笠原のツアーについてはp.123参照)

| 手配の手段 | | 値段 | 交通／備考 |
|---|---|---|---|
| 自分で往復の乗船券／航空券などを定価で購入、宿はホテル公式ホームページより予約 | | 2万3960円 | 往復東京(竹芝桟橋)〜八丈島に東海汽船の夜行旅客船(2等)を利用<br>宿泊費は1室2名利用の場合の1泊2食付き1名分の料金で計算 |
| | | 2万3290円 | 往復東京(羽田空港)〜八丈島に全日空(ANA)の航空機(往復割引)を利用<br>宿泊費は1室2名利用の場合の1泊2食付き1名分の料金で計算 |
| 旅行会社のフリープランを利用 | 東海汽船「東京の島を歩く」のプランなら | 2万6300円 | 往復東京(竹芝桟橋)〜八丈島に東海汽船の夜行旅客船(2等)を利用 |
| | JTB国内ツアーのプランなら | 3万7600円 | 往復東京(羽田空港)〜八丈島に全日空(ANA)の航空機を利用 |
| | ANA「スカイホリデー」のプランなら | 4万1200円 | 往復東京(羽田空港)〜八丈島に全日空(ANA)の航空機を利用 |

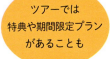

ツアーでは特典や期間限定プランがあることも

**こんなところに注意！**
- 出発日、季節によって料金が変わる
- 宿泊施設により料金が変わる
- 利用交通機関により料金が変わる
- 1人参加が可能か。相部屋かどうか確認を
- 申し込み締め切り日、キャンセル料について確認を

### ■伊豆諸島のフリープランの特徴

東京から近い大島は、ジェット船利用の日帰りプランなどのさまざまなプランが充実。ホテルや旅館などの宿泊施設も多く、予算に合わせた旅を選べるのが特徴だ。

八丈島は航空機利用で50分というアクセスのよさもあり、航空機利用プランに人気がある。船便利用プランにくらべ島内の滞在時間も長く取れるという利点もある。

新島、式根島、神津島へは船便を利用したプランのみになる。

東海汽船
(お客様センター)
☎03-5472-9999
JTB国内ツアー
http://www.jtb.co.jp/kokunai
ANAスカイホリデー
https://www.ana.co.jp/domtour/skh
※フリープランの料金や内容は変更が多いので、予約の際には各社HP、電話等で確認を

旅の準備のアドバイス

POINT

# 個別手配で予約

## 交通編

伊豆諸島へは船と航空機が利用可能。船は東海汽船と神新汽船、伊豆諸島開発が、航空機は全日空（ANA）と新中央航空が運航。ただし航空機が利用できるのは大島・新島・神津島・三宅島・八丈島のみ。八丈島のみ全日空の運航だ。各島間の移動であれば東邦航空のヘリコプターも利用できる。小笠原へは船でしか行くことができない。

### ■ 船舶利用の場合

#### 伊豆諸島へ

東海汽船は全席予約制。大島・利島・新島・式根島・神津島を結ぶ航路と、三宅島・御蔵島・八丈島を結ぶ航路がある。いずれも各島に順に立ち寄る。神新汽船は利島・新島・式根島・神津島をつなぐ航路が、伊豆諸島開発は八丈島と青ヶ島をつなぐ航路がある。神新汽船は当日窓口で乗船券の購入が可能。東海汽船・神新汽船ともに割引が適用されることもある。運航ダイヤは季節や曜日によって変わるので要確認。

● 早期購入割引…通常期20％、繁忙期15％割引
乗船日の14日前までに「早期購入割引希望」と申し出た上で購入した場合に割引となる。東海汽船の全等級船室に適用される。

● インターネット割引…通常期20％、繁忙期15％割引
東海汽船のホームページから乗船券を購入すると、大型客船の特等と特1等をのぞく船室に割引適用。ただし、支払いはクレジットカード決済のみで、会員登録が必要。出発時刻72時間前までの受付だが、席数限定で先着順。

● 学生割引…20％割引
神新汽船航路を含む全等級船室に適用。学生証の提示が条件。

● シルバー割引…10％割引（通常期のみ）
神新汽船航路を含む全等級船室に適用。満65歳以上の利用者および同行者（大人に限る）1人まで割引となる。

#### 小笠原へ

小笠原へ定期的に運航されている交通手段は、小笠原海運の「おがさわら丸」のみ。基本的に乗船券のみの割引システムはないが、小笠原海運や一部の旅行代理店で扱う「おがまるパック」など、宿と乗船券、各種クーポン券がセットになった割安なプランがある。おがさわら丸以外の不定期運航の大型客船やチャーター船を利用して、島へ渡る方法もある（p.123参照）。

**就航・欠航の最終決定について**

船は当日の海況で就航するか欠航するかが決まる。東海汽船の場合、高速ジェット船は朝6時、大型客船は17時に決定。神新汽船は朝7時に決まる。ただし出航はするものの、着岸できるかは現地に近づいてから判断する、という条件付き出航もあるので要注意。各社の公式HPで最新の運航情報が確認できる。

**乗船券購入時の注意点**

東海汽船ならびに神新汽船の乗船券は、通常乗船日の2カ月前同日から予約・販売を開始。
小笠原海運「おがさわら丸」の乗船券の予約・購入についてはp.123を参照。

**燃料油価格変動調整金について**

2017年10月現在、東海汽船、神新汽船、小笠原海運、伊豆諸島開発の各航路運賃には、燃料油価格変動調整金が加算される。月ごと、航路ごとに加算額は変動するので、事前に確認しておこう。
※本書では2017年10月現在の調整金を加算した運賃を掲載。

## ●伊豆諸島への航路

|  |  |  |
|---|---|---|
| 東　京 ⇒ | 高速ジェット船／1時間45分／6830円<br>大型客船／8時間／4210円 | 大島 |
| 横　浜※1 ⇒ | 大型客船／6時間30分／4100円 | |
| 熱　海 ⇒ | 高速ジェット船／45分／4340円 | |
| 伊　東※2 ⇒ | 高速ジェット船／35分／3610円 | |
| 久里浜※2 ⇒ | 高速ジェット船／1時間／4560円 | |

※1　夏期を除く金・土曜の運航
※2　夏期を除く土・日曜・祝日の運航

| | | |
|---|---|---|
| 東　京 ⇒ | 大型客船／9時間40分／4750円<br>高速ジェット船／2時間24分／7820円 | 利島 |
| 下　田 ⇒ | フェリーあぜりあ／1時間35分（火・金・日曜運航）<br>5時間10分（月・木・土曜運航）／3920円 | |

| | | |
|---|---|---|
| 東　京 ⇒ | 大型客船／10時間35分／5740円<br>高速ジェット船／2時間50分／8810円 | 新島 |
| 下　田 ⇒ | フェリーあぜりあ／2時間40分（火・金・日曜運航）<br>4時間（月・木・土曜運航）／3920円 | |

| | | |
|---|---|---|
| 東　京 ⇒ | 大型客船／11時間5分／5740円<br>高速ジェット船／3時間10分／8810円 | 式根島 |
| 下　田 ⇒ | フェリーあぜりあ／3時間15分（火・金・日曜運航）<br>3時間30分（月・木・土曜運航）／3920円 | |

| | | |
|---|---|---|
| 東　京 ⇒ | 大型客船／12時間／6090円<br>高速ジェット船／3時間45分／1万250円 | 神津島 |
| 下　田 ⇒ | フェリーあぜりあ／2時間20分（月・木・土曜運航）<br>4時間20分（火・金・日曜運航）／3920円 | |

| | | |
|---|---|---|
| 東　京 ⇒ | 大型客船／6時間30分／6420円 | 三宅島 |

| | | |
|---|---|---|
| 東　京 ⇒ | 大型客船／7時間25分／7200円 | 御蔵島 |

| | | |
|---|---|---|
| 東　京 ⇒ | 大型客船／10時間20分／8040円 | 八丈島 |

| | | |
|---|---|---|
| 八丈島 ⇒ | あおがしま丸／3時間／2550円<br>（週4～5便運航）※2017年10月時点 | 青ヶ島 |

## ●小笠原への航路

| | | |
|---|---|---|
| 東　京 ⇒ | おがさわら丸／24時間／2万2870円<br>（約6日に1日の運航） | 父島 |
| 父　島 ⇒ | ははじま丸／2時間／4170円 | 母島 |

※各航路所要時間は季節や天候により変動あり
※船室に等級のある船は2等船室の料金

---

### 交通の問い合わせ

**東海汽船**
（さるびあ丸、橘丸、セブンアイランド）
☎03-5472-9999
（早朝6:00～8:00、高速ジェット船の朝の就航状況）
☎03-3433-2101
**神新汽船下田営業所**
（フェリーあぜりあ）
☎0588-22-2626
**小笠原海運**
（おがさわら丸）
☎03-3451-5171
**伊豆諸島開発**
（あおがしま丸、ははじま丸）
☎03-3455-3090

### HINT
**ジェット船の注意点**
　夜行旅客船に比べ、格段に速いジェット船（セブンアイランド）。日帰りや短い休みでも島旅が楽しめるのがメリット。しかし、大型客船に比べると船内に持ち込むことができる荷物が少ないため、注意が必要。また、ジェット船・大型客船どちらも最新の運航情報を確認しておくのがベター。

**伊豆諸島まで自家用車で行ける！**
　下田から利島・新島・式根島・神津島へ出ている神新汽船の「フェリーあぜりあ」はカーフェリー。自家用車を島まで運んでもらえる。(要予約、下田～各島1万600円程度)

旅の準備のアドバイス

## ■飛行機利用の場合

### 東京・羽田空港から

羽田空港からは、全日空（ANA）が八丈島航路を運航している。通常の航空運賃のほかに、往復割引、事前購入割引（特割、旅割）などといったさまざまな割引があるので、購入前にしっかりと確認したい。

航空券の予約は搭乗日の2ヵ月前からできるが、事前購入割引については予約開始日が異なり、購入期限によって割引率も異なる。また事前購入割引の場合は予約変更ができず、割引設定座席数には限りがあるなど、利用条件に制限もあるので注意が必要だ。なお、羽田空港において全日空の運航便が出発、到着するのは、国内線第2旅客ターミナルとなる。

### 東京・調布飛行場から

調布飛行場からは、新中央航空が大島、新島、神津島、三宅島航路を運航。9〜19人乗りの小型飛行機を利用した航路だ。通常運賃のほか、往復割引がある（繁忙期除く）。予約は搭乗日の1ヵ月前から、新中央航空各島営業所または旅行代理店へ問い合わせで可能。また出発時間の3時間前までなら新中央航空のホームページからも予約が可能。

### ●各島への航路

|  |  |  |
|---|---|---|
| 東京（調布） | 新中央航空／25分／1万1800円 ※往復割引1万1000円（片道） | 大島 |
| 東京（調布） | 新中央航空／40分／1万4100円 ※往復割引1万2850円（片道） | 新島 |
| 東京（調布） | 新中央航空／45分／1万5300円 ※往復割引1万3900円（片道） | 神津島 |
| 東京（調布） | 新中央航空／50分／1万7200円 ※往復割引1万5750円（片道） | 三宅島 |
| 東京（羽田） | 全日空／55分／2万2390円 ※往復割引1万5190円（片道） | 八丈島 |

### 交通の問い合わせ

**全日空（ANA）**
☎0570-029-222
**新中央航空（調布飛行場）**
☎0422-31-4191
※手荷物は5kg以内であれば無料で持ち込める。それ以上の場合は超過料金が発生する。また、サーフボードや釣り竿の積載にも規定があるので、予約時に問い合わせを。

### 帰りの天候も気にかけよう

船と飛行機が交通手段である島の旅は、天候に左右されることが多い。風が強く海が荒れる台風シーズンや冬には、飛行機と船が両方とも欠航することもしばしば。とくに、利島、御蔵島、青ヶ島など小さい島では天候回復まで島内に足留めされることも考えられるので、余裕を持ってスケジュールを立てよう。

天気予報は下記の番号で案内している（小笠原はp.123参照）。運航状況は利用交通機関に問い合わせを。
大島・利島・新島・式根島・神津島
☎04992-177
三宅島・御蔵島
☎04994-177
八丈島・青ヶ島
☎04996-177

## ■ヘリコプター利用の場合

　大島・利島・三宅島・御蔵島・八丈島・青ヶ島を結んでいる東邦航空のヘリコプター「東京愛らんどシャトル」。複数の島を訪れるような行程を組む場合など、船や航空機と組み合わせて利用すると便利だ。船や航空機と比べ欠航率が低いので、天候や海況が悪い場合には旅行者にも強い味方となる。予約は搭乗日の1ヵ月前から受付。路線は隣り合う島同士と、大島・三宅島を結ぶものなので、大島～八丈島など、島を飛び越えて移動する場合は乗り継ぎが必要。その場合は合計運賃の2割引になる。

### 交通の問い合わせ
**東邦航空（予約センター）**
☎04996-2-5222
（月～土曜9:00～16:00）
※手荷物は合計5kg以内。それ以上の場合は超過料金がかかり、場合によっては荷物預かりができない場合もあるので注意が必要。

### ●各島への航路

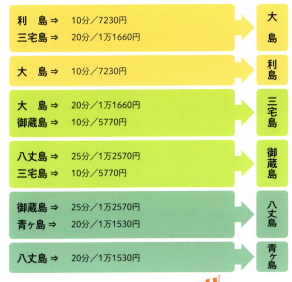

|  |  |  |
|---|---|---|
| 利　島⇒ | 10分／7230円 | 大島 |
| 三宅島⇒ | 20分／1万1660円 | 大島 |
| 大　島⇒ | 10分／7230円 | 利島 |
| 大　島⇒ | 20分／1万1660円 | 三宅島 |
| 御蔵島⇒ | 10分／5770円 | 三宅島 |
| 八丈島⇒ | 25分／1万2570円 | 御蔵島 |
| 三宅島⇒ | 10分／5770円 | 御蔵島 |
| 御蔵島⇒ | 25分／1万2570円 | 八丈島 |
| 青ヶ島⇒ | 20分／1万1530円 | 八丈島 |
| 八丈島⇒ | 20分／1万1530円 | 青ヶ島 |

**HINT**

**ヘリコプターは島の生活路線**
　ヘリコプターでのアクセスは、船よりも割高になるが、早く着くのはもちろん就航率も高い。とくに冬場の定期船の接岸率が低い御蔵島や青ヶ島、利島は船よりもぐんと上陸できる確率が高くなる。
　ただし、9名という少ない定員は島の人の大切な生活路線であるため、満席になることも多い。

旅の準備のアドバイス

**TEKU TEKU COLUMN**

### 携帯電話事情と金融機関
#### ●携帯電話の利用について
　伊豆諸島各島では町の中心部であれば携帯電話の利用が可能。中心部から離れた山中などは繋がらない場合もある。ただし、携帯会社によっては中心部でも不安定な場合がある。詳しくは各携帯会社のHPでサービスエリアを確認してみよう。

#### ●金融機関について
　伊豆諸島では全ての島に郵便局がある。そのほか、JAやみずほ銀行、七島信組の支店がある島もある。
大島…みずほ銀行、七島信組、JA、郵便局
利島・式根島・御蔵島・青ヶ島…郵便局
新島・神津島・三宅島…七島信組、郵便局
八丈島…みずほ銀行、七島信組、JA、郵便局
（小笠原についてはp.122参照）

三宅島郵便局

## 宿泊編

　島に滞在する際の宿泊先としては、ホテルやペンション、旅館、民宿などがある。大島や八丈島にはホテルが多いが、そのほかの島は民宿やペンションが多い。またキャンプ場がある場合は大自然の中でキャンプをしてみるのも気持ちがいい。精算時にクレジットカードを使いたい場合は事前に確認しておいたほうが無難。
　予約方法は各宿に問い合わせる以外に、旅行会社の宿泊プランや、宿泊予約サイトを利用する方法もある。各島の観光協会のホームページでも宿泊施設の紹介をしているので、参考にしてみよう。夏季のみ営業の宿もあるので要注意。

●**旅行会社の「宿泊プラン」**
　大島や八丈島については、フリープラン（p.13参照）のほか、宿泊予約のみのプランを用意している旅行会社もある。

●**インターネット宿予約サイトを利用**
　楽天トラベルやじゃらんnetなど、ホテル、ペンション、旅館を中心に対応するところが増えている。

●**キャンプ場での宿泊について**
　各島には指定のキャンプ場がある。おもなキャンプ場は以下の通りだが、宿泊の際には各島の観光課または観光協会に予約（届け出）・問い合わせを必ずしておこう。なお、利島、御蔵島、小笠原諸島全域ではキャンプが禁止となっている。

### 宿予約時の注意点

　宿泊施設の数や、宿泊客の人数は島によって大きく異なる。利島・御蔵島・青ヶ島など小さい島では特に宿が少なく、シーズン中はすぐに満室になってしまうこともる。
　御蔵島は日帰りができないことや、ドルフィンスイムの需要の高さから特に宿が取りづらいので旅の計画は余裕を持って行おう。

| 島 | キャンプ場 | 期間 | 料金 | 設備 | 地図 |
|---|---|---|---|---|---|
| 大島 | 海のふるさと村 | 年末年始を除く通年 | 有料 | 水道、炊事場、トイレ、シャワーあり | 地図p.25-C |
| 大島 | トウシキキャンプ場 | 通年 | 無料 | 水道、炊事場、トイレあり | 地図p.25-L |
| 新島 | 羽伏浦公園キャンプ場 | 通年 | 無料 | 水道、炊事場、トイレ、シャワーあり | 地図p.61-B |
| 式根島 | 大浦キャンプ場 | 7〜9月、GW | 無料 | 水道、炊事場、トイレ、シャワーあり | 地図p.72-A |
| 式根島 | 釜ノ下キャンプ場 | 3〜6月(GW除く)、10〜11月 | 無料 | 水道、炊事場、トイレ、シャワーあり | 地図p.73-F |
| 神津島 | 都立多幸湾公園ファミリーキャンプ場 | 年末年始除く通年 | 有料 | 水道、炊事場、トイレ、シャワーあり | 地図p.80-D |
| 神津島 | 沢尻湾キャンプ場 | 通年 | 無料 | 水道、炊事場、トイレ、シャワーあり | 地図p.80-A |
| 神津島 | 長浜キャンプ場 | 通年 | 無料 | 水道、炊事場、トイレ、シャワーあり | 地図p.80-A |
| 三宅島 | 大久保浜キャンプ場 | 4〜11月 | 無料 | 水道、炊事場、トイレ、シャワーあり | 地図p.85-A |
| 八丈島 | 底土野営場 | 通年 | 無料 | 水道、炊事場、トイレ、シャワーあり | 地図p.103-F |
| 青ヶ島 | 丸山キャンプ場 | 通年 | 無料 | 水道(飲用不可)、炊事場、トイレあり | 地図p.120 |

TEKU TEKU COLUMN

### レンタカーの利用

　観光シーズン中のレンタカーはすぐに満車になることが多いので、早めの予約がおすすめ。フリープラン（p.13参照）ではオプションとして付けられるケースも多い。また、宿泊先と提携しているレンタカーもあるので、個別予約の場合は宿の予約の際に問い合わせてみよう。

## POINT 出発前に確認！　本土側の港・空港について

### 竹芝桟橋　伊豆諸島・小笠原諸島行き

☎03-5472-9999（東海汽船）
Ｐ浜松町駅に直結している世界貿易センタービルの地下駐車場（☎03-3435-3766）が便利（普通車24時間3900円）。
●最寄り駅からのアクセス
・JR山手線浜松町から徒歩8分。
・ゆりかもめ竹芝駅から徒歩1分。
●乗船券の予約〜受付まで

**乗船券の予約・購入**

＜伊豆諸島行きの場合＞
　東海汽船は乗船2ヶ月前から電話やネットで予約ができる。乗船券の受け取り、または直接購入する場合は竹芝旅客ターミナル1階の東海汽船券売場へ。旅行会社経由で予約・購入することも可能。
　神新汽船も乗船2ヶ月前から電話で予約ができる。乗船券は当日のみ乗り場で受け取り・購入可能。
＜小笠原行きの場合＞
　おがさわら丸の予約についてはp.123参照。

▼

**受付**

乗船当日は出港30分前までに受付を済ませよう。大きな荷物は預けることができる（夜行旅客船のみ）。

### 各島の名産品が揃う 東京愛らんど

竹芝客船ターミナル内にある伊豆諸島・小笠原諸島の特産品が揃うアンテナショップ。300品目以上もの島の物産を販売するほか、観光サービスカウンターでは現地の情報も提供。
　併設するカフェでは、ムロアジメンチバーガー500円など、島の産物を生かしたメニューが食べられ、玉石垣をモチーフにしたカウンターには、島酒も各種揃っている。
☎03-5472-6559
9:00〜22:30／無休

### 竹芝客船ターミナル

伊豆諸島や小笠原（父島）への起点となるターミナル。開設時間は7:00〜22:00（ただし22:00以降に船の発着がある場合は発着時間まで開設）。広場にある船のマストを模したオブジェが目印だ。島の物産などを扱うアンテナショップ「東京愛らんど」もこの中にある。

旅の準備のアドバイス

● 各港・空港へのアクセス

**横浜大さん橋**　大島・利島・新島・式根島・神津島行き
（下り便：金・土曜発、上り便：土・日曜着）

📞045-212-3131（東海汽船横浜営業所）
🅿️大さん橋1階が利用可（客船利用客は24時間1000円）
●最寄り駅からのアクセス
・横浜高速鉄道みなとみらい線日本大通り駅から徒歩10分。
・JR根岸線関内駅から徒歩20分。
・JR根岸線桜木町駅からタクシーで10分（約910円）。

**久里浜港**　大島行き
（夏期を除く土・日曜・祝日の運行）

📞03-5472-9999（東海汽船お客様センター）
🅿️くりはま花の国第2駐車場（📞046-834-3209）が利用可（1日620円、5:30〜24:00）
●最寄り駅からのアクセス
・京急久里浜線京急久里浜駅から京急バス東京湾フェリー行きまたは野比海岸行きで約10分、東京湾フェリー下車、徒歩すぐ（200円）。
・JR横須賀線久里浜駅から京急バス野比海岸行きで約10分、東京湾フェリー下車徒歩すぐ（200円）。

**熱海港**　大島行き

📞0557-82-2131（東海汽船熱海代理店）
🅿️市営臨港駐車場が利用可（普通車で8時間以内は30分ごとに100円、8時間以上16時間までは1600円、16時間以上は1時間ごとに100円追加）
●最寄り駅からのアクセス
・JR東海道本線熱海駅から伊豆東海バス・伊豆箱根バス熱海港・熱海後楽園行きで10分、熱海港下車徒歩すぐ（230円）。

**伊東港**　大島行き
（夏期を除く土・日曜・祝日の運行）

📞0557-37-1125（東海汽船伊東代理店）
🅿️伊東市なぎさ観光駐車場が利用可（1日1500円）
●最寄り駅からのアクセス
・JR伊東線伊東駅から徒歩約15分。もしくはタクシーで6分（約730円）。

### 下田港　利島・新島・式根島・神津島行き

☎0558-22-2626（神新汽船下田営業所）
🅿フェリーのりば横の県営駐車場が利用可（無料、1日のみ）
＜最寄り駅からのアクセス＞
・伊豆急行線伊豆急下田駅から徒歩20分。またはタクシーで約7分（約820円）

### 羽田空港　八丈島行き

☎0570-029-222（全日空予約センター）
🅿P3駐車場利用が便利（普通車で1日1500円～）
●最寄り駅までのアクセス
・JR山手線浜松町駅から東京モノレール羽田空港線で20分、羽田空港第2ターミナル下車。
・京急本線京急蒲田駅から京急空港線で12分、羽田空港国内線ターミナル駅下車。
※駅から空港は直通。

### 調布飛行場　大島・新島・神津島・三宅島行き

☎0422-31-4191
🅿ターミナル前の都営駐車場が利用可（1日1000円）
●最寄り駅からのアクセス
・京王電鉄京王線調布駅から小田急バス調布飛行場行きで約15分（220円）、調布飛行場前下車すぐ。もしくはタクシーで15分（約2000円）。
・京王電鉄井の頭線三鷹台駅から小田急バス調布飛行場行きで45分（210円）、調布飛行場下車すぐ。

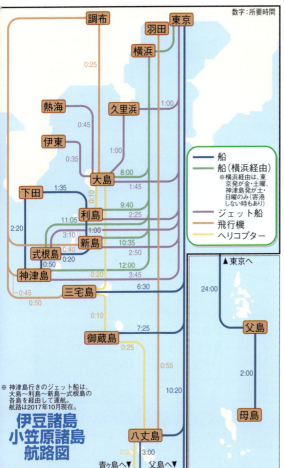

伊豆諸島　小笠原諸島　航路図

旅の準備のアドバイス

船も宿も観光もおまかせ！
# ツアーで楽々島旅へ

「島へ遊びに行ってみたいけど乗船券や宿やツアーの手配が面倒」という人には、全てセットになったツアーがおすすめ。東海汽船をはじめ、様々な旅行会社で開催しているのでHPをチェックしてみよう。（小笠原のツアーはp.123参照）

### 添乗員同行！特選ツアー

東海汽船の添乗員が企画する伊豆諸島のツアー。行き先やプランは季節ごとに変わる。スケジュールは1泊2日を中心に日帰りも。イルカウォッチングツアーや、自転車ツアー、ヨガツアーなどが人気。

**東海汽船**
☎03-5472-9999（お客様センター／9:30〜20:00）
¥1万2000円程度〜（プランにより異なる）
http://www.tokaikisen.jp/tour/

### 伊豆大島 三原山ハイキング＆絶景露天風呂ツアー

大島のシンボルである三原山を歩くハイキングツアー。約6.5キロ・2時間半ほどの行程。添乗員同行のため、初心者にもおすすめ。ハイキング前と後には、三原山の原生林を一望できる絶景露天風呂に入浴できる。

**東海汽船**
☎03-5472-9999（お客様センター／9:30〜20:00）
¥7500円〜
※詳細は電話もしくはパンフレットで

### プラネタリウムアイランド＠伊豆諸島

1泊2日で星空観察が楽しめるツアー。訪れる島は時期により異なる。添乗員つきで観光できるプランとフリータイム多めのプランが選べる。都会の光が届きづらい伊豆諸島では、天気が良ければ満天の星が見られる。

©Teruyasu Kitajima

**東海汽船**
☎03-5472-9999（お客様センター／9:30〜20:00）
¥1万3000円程度〜（プランにより異なる）
http://www.tokaikisen.co.jp/planetariumislands/

### 大島日帰り体験ダイビング

前日夜に大型客船発、帰りは高速ジェット船のツアー。3時間の体験ダイビングではカラフルな魚や、運が良ければウミガメが見られることも。昼食はオプションでボリューム満点の定食かBBQが付けられる。

**トラベルロード** ☎03-6690-4540
¥2万500円程度〜（時期により異なる）
http://www.dreamjourney.jp/dj_trd/details?XCD=688284&CODE1=I1&CODE2=A1H1&CODE3=B0

※東京から各島への往復船賃も含めた1人あたりの料金を記載　※行程や内容は時期により異なります。

# 大島
# 利島

| おおしま | 地図 | p.4 |

# 大島

### エリアの魅力

絶景
★★★★
アクティビティ
★★
温泉
★★★★
島の味覚
★★★★
アクセス難易度
★

## 雄大な三原山と風情ある波浮港のある島

　伊豆諸島で一番大きな島。冬は暖かく夏は比較的涼しい海洋性の気候から常春の島と呼ばれる。溶岩流の跡が生々しく残る三原山や、川端康成「伊豆の踊子」にゆかりの深い風光明媚な波浮港、冬に島全域で鑑賞できる名物のヤブツバキなど、見どころはたくさん。海水浴やスキューバダイビングなどのポイントも多い。本土に近く、航空機やジェット船を使えば日帰りも可能な島である。

## 大島への行き方

### ■船舶利用の場合
　本土からは東京(竹芝桟橋)、横浜、久里浜、熱海、伊東からの航路があり、いずれも東海汽船が運航している。高速ジェット船と大型客船が運航しており、前者は朝と午後、後者は夜に出発する。大型客船を使えば、金曜の夜に出発して土曜日は朝から遊ぶことができる。所要時間・運賃はp.27参照。

### ■航空機利用の場合
　調布飛行場から新中央航空の小型機が1日3便運航している。所要時間は約25分。船舶利用の場合よりも乗っている時間は短くて済むが、運賃はその分高くなる。運航は天候に左右されるので、出発前にフライトの確認をしておこう。また、搭乗手続は出発時間の30分前までに済ませよう。

### 観光の問合せ先

大島観光協会
☎04992-2-2177
大島町観光産業課
☎04992-2-1446

### 交通の問合せ先

■船舶
東海汽船
(お客様センター)
☎03-5472-9999
(大島営業所)
☎04992-2-2311
(熱海代理店)
☎0557-82-2131

■航空機・ヘリコプター
新中央航空(調布飛行場)
☎0422-31-4191
新中央航空(大島空港)
☎04992-2-1651
東邦航空
☎04996-2-5200

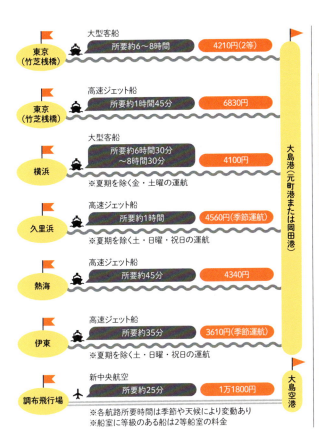

### 季節運航のジェット船

横浜大さん橋、久里浜港、伊東港を発着するジェット船は運航日に注意。週末に運航している。

また椿まつりの期間になると、館山港・稲取港発の便が登場する。運航日については要確認。

新中央航空の機体。シートは2列なので必ず窓際になる

### 船舶利用のモデルスケジュール

大島は伊豆諸島のなかで本土に一番近く、宿泊だけでなく日帰りの観光も充分可能。昼行の高速ジェット船と夜行の大型客船を使う場合のモデルスケジュールは下記の通りだ（2017年10月の例）。②の場合、帰りはジェット船を利用する方法も考えられる。

#### ①朝出発して当日の夕方帰る

朝　竹芝発8時35分 → 大島着10時40分 → 島内観光約3時間半 → 大島発14時35分 → 竹芝着16時40分　夕方

#### ②夜出発して翌日の夜帰る

夜　竹芝発22時 → 船中泊 → 大島着翌6時 → 島内観光約8時間 → 大島発14時30分 → 竹芝着19時45分　夜

POINT

## はじめの一歩

大島の玄関口は元町港、岡田港、大島空港の3ヵ所。どの港、空港にもコインロッカーはなく、売店は発着時間以外は閉まっている。宿の送迎の有無はまちまちなので、利用する宿泊施設に事前に確認しておこう。大型客船で早朝に到着したときには、島めぐりを始める時間まで有効に過ごしたい。

■高速ジェット船で午前到着の場合

高速ジェット船の入港は、天候、海況により元町港または岡田港になる。いずれも待合所の前にはバス停があり、大島公園、波浮、三原山行きの便が発着。高速ジェット船の入港時間とバスの発車時間は連絡しているので、到着後すぐバスに乗って移動することも可能だ（岡田港入港時は、三原山、元町港、大島公園行きのバスが連絡）。タクシー乗り場はバス停のとなりにあり、元町港では常駐している。

東海汽船のジェット船
「セブンアイランド虹」

■大型客船で早朝到着の場合

東京・竹芝発の大型客船は、原則として岡田港に入港。到着に合わせて元町港、波浮港、三原山温泉行きのバスが待機している。店や観光施設が開く前に休憩する場合は、元町港近くの愛らんどセンター御神火温泉（p.41参照）が早朝営業を行っており、簡単な朝食をとることもできて便利。ほかに下記の宿泊施設で行っている朝休憩サービスを利用してもいい。

また宿の早朝チェックインを利用して、部屋で仮眠をとってもいい。ただし、前日の宿泊状況によって利用できない場合があるので、事前に確認・予約をしておこう。

TEKU TEKU COLUMN

### 宿泊施設の朝休憩サービス

大島には朝休憩サービスを実施している宿泊施設がある。朝食付きや部屋のみなど、プランが選べるところも。送迎を行っている場合が多い。料金はプランや利用施設により異なるが、1000〜3000円前後。基本的には宿泊者が優先となるので事前に確認と予約を。
- 大島温泉ホテル　♪04992-2-1673　地図p.24-F
- 民宿ふじおか　♪04992-2-8160　地図p.45
- 和光マリン　♪04992-2-9528　地図p.45

### ［島の玄関口］元町港

待合室内には東海汽船のカウンターがあり、ここで船はもちろん島内の路線バス（島めぐり・パノラマシャトルバス）などの案内やチケット購入ができる。正面入口を出てすぐ前がタクシー乗り場とバス乗り場で、元町港発の各種バスはすべてここから発車する。

観光情報が欲しい場合はバス乗り場の後方、桟橋入口のところにある大島観光協会へ。観光地図やパンフレットがそろい、問い合わせにも丁寧に応じてくれる。宿泊施設の紹介も行っている。

### ［島の玄関口］岡田港

待合室1階の東海汽船のカウンターでは、元町港と同様に船やバスの案内、チケットの購入ができる。待合室前がタクシー乗り場とバス停になっている。タクシーは船の発着時間以外は常駐しないので注意。岡田港発着時は、待合室を出て20mほどの所に観光協会の案内所が臨時に開設される。

■レンタカーを利用する場合

　大島での移動手段は公共交通機関などのほかに、レンタカーがある。時間を気にせずに効率よく観光ポイントをめぐることができる。島内の交通量は少なく、渋滞もほとんどないので、自分で運転をするのが大変だと思わなければ、レンタカーで大島をめぐるのもいい。

　レンタカーを借りてから返却までの流れは、基本的には本土でレンタカーを使用する場合と変わらない。大島では旅行者の利用便に合わせて入港地や大島空港まで回送してくれるところが多い。受け取ったらその場で手続きを行い、すぐ利用することができる。ただし回送には別途料金を必要とするところもあるので、事前に確認しておこう。また繁忙期などは回送サービスを利用できないこともあるので要注意。

　料金例としてはトヨタレンタカーでヴィッツを借りた場合、通常期で6時間5400円、12時間5400円、24時間7020円。超過1時間ごとに1080円加算される。

■島内のレンタカー
トヨタレンタカー
（予約センター）
♪0800-7000-111
（大島店）
♪04992-2-1611
海洋レンタカー
♪04992-2-3039
元町レンタカー
♪04992-2-3172
伊豆大島レンタカー
♪04992-2-2691

## 日帰りプランのヒント・モデルコース

　宿泊する場合はゆとりを持って計画が立てられるが、日帰りの場合は限られた時間で効率よく島内を回りたい。

　三原山、大島公園、波浮港は散策が中心になるエリアで、港や空港がある元町、大島空港周辺は博物館などの単体で楽しめるスポットが揃う。

　散策エリアを多く回ると時間が足りなくなる恐れがあるので、散策エリアと単体で楽しめるスポットの組み合わせを考えてプランを練ろう。

●日帰りモデルコース（2017年10月の例）

　三原山散策は、波浮港や大島公園に変更してもいい。元町、空港周辺のスポットをレンタサイクル（p.31参照）などを使って細かく回るコースも考えられる。

［島の玄関口］
大島空港

待合室を出るとタクシー乗り場があり、飛行機の発着時間前後にはタクシーが待機している。バスに乗る場合は空港ターミナル前の♀大島空港ターミナルから。バスの時刻表は時期により変わるので要確認。

【竹芝発のセブンアイランド利用】
大島10:40着→入港地11:00発（登山バス）→三原山頂口11:25着（三原山散策）→三原山頂口13:40発（下山バス）→出港地14:05着（元町周辺でみやげ購入）→大島発14:35発→竹芝16:40着

【竹芝発の夜行旅客船を利用】
大島6:00着（朝休憩）→元町港8:30発→三原山頂口8:55着（三原山散策）→三原山頂口11:40発→出港地12:05着（元町周辺でみやげ購入）→大島14:30発→竹芝19:45着

POINT

## 島内の交通

### 島めぐり・パノラマシャトル（路線バス）

通年運行されている3路線のほか、季節運行している2路線がある。バス時刻も東海汽船の運航時間に合わせて2〜3ヵ月に1回変更あり。

路線バスが乗り放題の乗車券は1日用がおとな2000円、2日用が3000円。いずれもバスの車内で購入できる。

■路線バス
大島バス（元町）
♪04992-2-1822

#### ■大島公園ライン…元町港〜大島公園

通年運行。郷土資料館やふるさと体験館などに停車する。元町港から岡田港までは約19分で運賃360円、大島公園までは約35分、560円。約1時間に1本の運行。また1日のうち数便が大島空港ターミナルを経由し、元町港と大島空港を約12分、260円で結ぶ。

大島バス

#### ■三原山ライン…入・出港地〜三原山頂口

通年運行。山頂口行きを登山ライン、山頂口発を下山ラインと呼ぶ。経由地は椿花ガーデン、三原山温泉、新火口展望台など。入出港地から山頂口まで約25分、890円。2時間に1本程度の運行。運行時間は船の入出港時間に連動している。

#### ■波浮港ライン…元町港〜大島町陸上競技場

通年運行。伊豆大島火山博物館、地層切断面などの観光スポットに停車し、波浮港を過ぎて大島町陸上競技場までの運行。元町港から波浮港までは約33分、680円。約1時間に1本の運行。元町から大島町陸上競技場までは約39分、710円。

#### ■レインボーライン…大島公園〜三原山頂口

季節運行。新火口展望台、三原山温泉、あじさいロード中央などに停車する。大島公園から三原山頂口までは約20分、860円。島内最大規模のアジサイの名所を通る。

#### ■大砂漠ライン…波浮見晴台〜筆島〜大島公園

季節運行（夏期のみ）。波浮見晴台から大島公園までを結び、運賃800円。筆島や大島大砂漠を経由する。

### バスの支払い

島内のバスではスイカやパスモは使えない。車内で両替できるのは1000円札のみなので要注意。小銭を多めに持っていくと安心だ。

## タクシー・観光タクシー

　タクシーが常駐するのは元町港前のタクシー乗り場のみ。岡田港と大島空港には船や飛行機が到着したときだけタクシーが待機する。波浮港や大島公園などから利用する時には、回送料が別途必要な場合がある。流しのタクシーはほとんどないのであらかじめ電話を。料金は中型で初乗り2㎞まで680円前後。

　観光タクシーは中型で1時間あたり5860円程度。旅の予定に合わせて好きなところを回ることができる。全島一周コース、三原山往復コースなどのコースもあり。予約をした方が確実だ。

■タクシー
花交通タクシー
☎090-3095-2506
大島観光自動車
☎04992-2-1051
宮本交通
☎04992-2-8258

## レンタサイクル・レンタバイク

　島内には元町に3軒のレンタサイクルとレンタバイクの店がある。大島の道路は緩やかな起伏が続き、急な坂が多いため、自転車は体力がある人向け。料金は各店によって多少違うが、2時間800円くらい、1日1500円くらいから。元町から岡田へは約30～40分、波浮港までは1時間以上かかる。

　レンタバイクはほとんどが50ccのスクーターだが、なかには中型クラスも。料金は50ccが2時間2000円くらい、1日（8時間）5000円くらい。危険防止のため、夜間はバイクを貸し出さない所もあるので、宿泊での利用時は確認を。

■レンタサイクル
丸久サイクル
☎04992-2-3317
らんぶる
☎04992-2-3398
■レンタバイク
丸久サイクル
☎04992-2-3317
モービルレンタカー
☎04992-2-5454

TEKU TEKU COLUMN

### 海・陸のツアーで島の自然をより楽しむ

　日帰りも可能で気軽に旅に行ける伊豆大島とはいえ、離島の自然は本土では感じられない荒々しさと豊かさを見せる。そんな大島の自然の魅力を知るには、海や山のプロフェッショナルであるガイド付きのツアーに参加してみよう。大島にはグローバルネイチャークラブ（http://www.global-ds.com）やシーサウンド（http://www.seasound.jp/eco/）で三原山ツアーや体験ダイビングなどのツアーを開催。スタッフは海・山などそれぞれ得意分野を持っており、初心者から経験者まで、参加者のレベルに合わせてガイドをしてくれる。

　グローバルネイチャークラブではナイトツアーや星空観察、バードウォッチングのツアーなども開催。さまざまな自然体験ができる。

## まわる順・過ごし方のヒント

島内は大きく元町、岡田、波浮の3地区に分けられ、ほかに三原山や大島公園などの見どころがある。大島一周道路は約40kmほどで、クルマだと約1時間30分もあれば一回りできる。バスで島を回る場合は、路線バスの接続などを調べ、メインで回るエリアを1つ決めて、空いた時間でほかのエリアを回るように計画を立てよう。

### 宿泊するなら

ホテルと旅館の多くが元町地区に集まっている。島内の全宿泊施設の半分以上を占める民宿は全島に点在。食事は2食付きのところがほとんど。宿によっては素泊まり料金を設定するところや、ダイビングなどのアクティビティに対応しているところもある。

### 食事をするなら

島内での食事処は元町地区に集中。あとは空港周辺や波浮地区に点在する。寿司屋や郷土料理が味わえる食堂など、和食が中心。どの食事処も夜は地元の客が多く、島の特産物を使った料理は昼のメニューに組み込まれていることが多い。

### ハイキングをするなら

三原山では年間通してハイキングができる。秋の晴天時は空気が澄んでいるので特に眺めがいい。東海汽船の窓口や観光協会で配付しているパンフレット「よくばりコースガイド伊豆大島」には島内のハイキングコースが紹介されている。

また、三原山をはじめとして、地球の活動を知ることができる見どころが島内随所にある大島は、「伊豆大島ジオパーク」として近年注目を集めている。伊豆大島ジオパークの公式サイト（http://www.izu-oshima.or.jp/geopark/）なども参考に、伊豆大島の特徴的な自然、文化、歴史が残る場所を訪ねてみるのもいい。

### おみやげを買うなら

元町港と岡田港の前にはみやげ店があり、帰りの船に乗る前におみやげを購入できる。夏などの繁忙期を除き、船の発着時間のみ開店するところが多い。

### 帰り方のヒント

各宿泊施設の港や空港までの送迎の有無は、事前に確認を。本土に向かう午後の船の出港地は、当日の朝7時30分ごろ決定（問い合わせ♪04992-2-5522）。送迎がない場合は出港地までの交通機関を調べておこう。

●メインエリア早分かりMAP

### 元町地区（p.40参照）

元町港や大島町役場がある島の中心地。食事処や商店が並ぶほか、元町浜の湯や愛らんどセンター御神火温泉といった温泉浴場施設もある。また、元町にある郵便局（大島局）は、土・日曜・祝日でもATMの取り扱いがある。

### 岡田地区（p.44参照）

島の北側に位置するのが岡田港。東海汽船の定期船は、年間を通してみると岡田港発着のほうが多い。とくに冬季の季節風などの影響を受けるときは岡田港発着の確率が高くなる。食事処は元町方面に向かった空港周辺に点在。

岡田港　岡田
🛉波治加麻神社
●大島公園
●赤禿
元町　三原山▲
元町港●
波浮

### 大島公園（p.38参照）

公園内の椿園は大島を代表するツバキの名所。毎年1〜3月にかけて行われる大島椿まつりではメイン会場のひとつになる。集落から離れた島東岸にあるので、訪れる際には時間に余裕をもって計画を立てたい。

### 三原山（p.34参照）

現在も活動する火山で、大島のシンボル。火口付近には散策路が整備され、年間通してハイキングが楽しめる。おすすめは、火口を一周する「お鉢めぐり」のコース。自然の大きさを目の当たりにできる。

### 波浮地区（p.47参照）

明治、大正時代の建物や町並みが残り、島内のほかのエリアとは一味違った趣がある。徒歩なら波浮港見晴台から旧甚の丸邸、踊り子の里資料館、波浮港と回って約1時間30分。この順序で回れば、高台から港へ下りとなるので散策が楽。

TEKU TEKU COLUMN

### ここにも立ち寄りたい！
●赤禿（あかはげ）

側火山のひとつで、真っ赤な岩が観察できる。サンセットパームライン（p.44参照）から入れる遊歩道の先は夕日の絶景スポットとしても有名。地図p.24-E

### ●波治加麻神社（はじかまじんじゃ）

島の北東・泉津地区にひっそりと建つ神社。大島一周道路から山側の細い道に入った先にある。鳥居をくぐると樹木が茂り、その先に小さな社殿が建ち、神秘的な雰囲気が漂う。地図p.25-C

大島

太古から噴火をくり返す大島のシンボル

# 三原山ハイキング

雄大な自然を体感！

近年では1986（昭和61）年に大噴火した活火山・三原山。
外輪山と内輪山からなる姿に自然の迫力を感じさせられる。
火口付近の遊歩道は整備され、大島を代表する景勝地だ。

### 三原山観光の入口
### 山頂口展望台

　登山バスの終点🚏三原山頂口から、その先の茶屋が並ぶ道を抜けたところに三原山頂口展望台がある。目の前には、山肌を伝う溶岩流の跡が生々しく広がり、その景観に圧倒される。
　火口まで歩くのが大変という人は、展望台から景色を楽しんだ後は茶屋で休憩するか、バスで🚏三原山温泉まで下り、大島温泉ホテル（p.51参照）で日帰り入浴をする楽しみ方もある。

## 火山が生み出した自然に触れられるジオパーク

　大島の中心部に位置し、今なお活動を続ける三原山。内輪山と外輪山をもつ現在のような姿になったのは、1777（安永6）年に始まった安永の噴火のときといわれ、1950年〜51年に起きた中規模噴火の際、大島の最高峰である三原新山が誕生した。三原山から流れる溶岩は高温で粘り気が少ないのが特徴で、およそ200年ほど前からは比較的穏やかな中規模噴火をくり返す火山だ。

　そんな三原山を中心に、火山活動の片りんを随所で見られる大島は「伊豆大島ジオパーク」として知られている。ジオパークとは、その場所の地形や風景から地球の活動を知ることができる場所のことで、"大地の公園"などと訳されることもある。そして、人やほかの生き物との関わりをはじめ地球全体のことを考えられる場所であり、地元の人がその自然を守り、その価値を広めていく活動を行っている場所でもある。まずは、伊豆大島ジオパークの中心的存在となる三原山を歩いて、その自然を存分に楽しんでみよう。

　三原山のハイキングは、バスやレンタカーなどで三原山頂口展望台まで行き、山頂口から内輪山の周囲を一周して戻るお鉢めぐりをするのが定番。一年を通して四季折々の景観を楽しむことができる。晴れた日には富士山や房総半島まで一望できる大パノラマを楽しむのもいい。

**センブリ（リンドウ科）**
秋に登山道脇でも見られる花の一種。薬草として使われることも

三原山の東側・櫛形山から、荒涼とした裏砂漠越しに三原山を望む

10月下旬頃の三原山では、陽光を浴びた一面のススキ野原が美しい

● 割れ目噴火口（C火口）
1986（昭和61）年の噴火では、外輪山外側の山腹からも溶岩が流れ出した。ここから流れ出た溶岩流は元町集落から約200mのところまで迫り、全島民が島外に避難することとなった。

● B火口
1986（昭和61）年の噴火の際にできた新しい火口。ナイフで切り裂いたような火口がぱっくりと口をあけている。

● 中央火口（A火口）
内輪山の内側にある火口で直径約300m、深さは約200m。噴火時は火口の底が盛り上がり、標高の低い北西方面に溶岩が流れ出す。

山頂口展望台

● カルデラ
三原山は約1700年前に山頂でマグマ水蒸気爆発が起こり、大量の火砕流が発生した。その直後に山頂部が火口内部に向かって大崩壊し、カルデラ地形ができあがった。

● 三原新山
1950（昭和25）年の噴火の際に降り積もってできた山で、三原山の最高地点になっている。標高は758m。1986（昭和61）年の噴火でさらに大きくなったとも言われている。

# 三原山（お鉢めぐり）を歩く

三原山で最もポピュラーなハイキングルートは、三原山の火口まわりを一周するお鉢めぐりのコース。この特集では、伊豆大島のジオガイド、グローバル・ネイチャー・クラブの西谷香奈さんの案内で、三原山の自然の特徴を紹介する。

### 三原山お鉢めぐりコース
🚩三原山頂口 ⇒ 👟45分 ⇒ 三原神社 ⇒ 火口一周遊歩道（👟50分）⇒ 山頂口への分岐点 ⇒ 👟40分 ⇒ 🚩三原山頂口

## カルデラの底を歩き山頂を目指す

起点となるのは三原山頂口。そこから一旦、カルデラの底に下り、しばらくは舗装された道を歩く。遊歩道の左右は過去の噴火で流れ出した溶岩流だが、そのようなやせた土地でも最初に生えるのがハチジョウイタドリやオオバヤシャブシ。それらの草木が葉を落とし、やがて土となった上にさまざまな植物が生えてくるという自然の営みが三原山ではくり返されている。また、秋には一面に広がるススキが風に揺れる光景も美しく、秋に訪れるのもおすすめ。

やがて内輪山の上りにさしかかると、道がつづら折りになり、急な上り坂が続く。こ

外輪山の底はオオバヤシャブシなど、やせた土地でも育つ植物を中心に繁茂

三原神社。背後に迫っていた溶岩流がこの社殿をきれいに避けている

通称ゴジラ岩。他にもさまざまな形に見える溶岩を探してみるのも楽しい

溶岩流でできたトンネル上部が破れ、塚状に溶岩が積もったホルニト

● 裏砂漠
三原山では、小石くらいの大きさで黒っぽい色をした「スコリア」と呼ばれる軽石が噴出する。これらは風に乗って南東の方角に降り積もる。火山性ガスも同じ方角に流れることが多いため、植物の育ちにくい荒涼とした砂漠地帯を形成することになる。

火山活動の激しさを感じさせる中央火口。内壁が赤茶色なのは、溶岩中の鉄分が高温で酸化するため

の辺りから対岸の伊豆半島などが見えてきて、眺めがよくなる。

歩き始めて約45分、前方に大きな岩が見えてきたところに分岐点があり、右手にすぐ鳥居が見える。そこから少し下ったところにあるのが三原神社。1986（昭和61）年の噴火の際、山頂にあった茶屋などは溶岩流に飲みこまれてしまったが、この社殿だけは無事だった。

### 火口を一周するお鉢めぐり

三原神社分岐を過ぎ、お鉢めぐりのスタート。火口一周遊歩道は約2.5km、約40〜50分ほど。途中、トイレのある展望台兼避難小屋を過ぎると、遊歩道の舗装が途切れ

る。そしてしばらく進んだ右手には噴出した溶岩流が塚状になったものが見られる。ホルニトと呼ばれ三原山ならではの粘性が低い溶岩流によってできたものだ。

やがて、スコリアという黒っぽい小石大の軽石がゴロゴロしている砂利道になる。さらに進み、三原新山の裏側を登りきると大きな中央火口が姿を現す。赤茶色の火口内壁から火山活動による水蒸気が噴出し、活火山であることを実感できる。

そこから10分ほど歩くと、お鉢めぐりの最高地点、剣ガ峰に到着。この辺りは風が強く、植物もほとんどない荒涼とした風景が広がる。右手に見えるのが櫛形山で、その手前と奥は広大な裏砂漠地帯だ。剣ガ峰からはB火口を眺めながら下り、お鉢めぐりのスタート地点に戻ってくる。あとはつづら折りの道を下って山頂口へ。

体力や時間に余裕があれば、お鉢めぐり一周遊歩道の途中から、大島温泉ホテルへ向かうルートを歩いてもいい（分岐点から大島温泉ホテルまで50分〜1時間ほど）。

剣ガ峰から1986（昭和61）年の噴火でできたB火口を眺めながらお鉢めぐりのコースを下っていく

お鉢めぐりコースから外れ、大島温泉ホテルへ向かう。外輪山内側の緑の濃さの違いがよくわかる場所

### HINT 大島の案内人

**グローバル・ネイチャー・クラブ
西谷香奈さん**

海中から三原山のフィールドまで、情熱あふれる案内に定評がある。
http://www.global-ds.com/　☎04992-2-1966

三原山ハイキング

ヤブツバキの里・伊豆大島に世界各地のツバキが集結

# 大島公園で椿を見る

都立大島公園「海のふるさと村」は南北に分かれ、椿園があるのは北側だ。毎年1月下旬〜3月に開催される大島椿まつりではメインの会場の一つとなり、多くの人でにぎわう。

可憐な姿にうっとり

## 椿園

約7ヘクタールの面積があり、園芸品種のツバキ1000種3200本と自生種のヤブツバキ5000本を有する、日本最大級のツバキ植物園。開花期は10月中旬〜4月中旬で、一般的に一重咲きのものは早く、八重咲きは遅く開花する。日当たりなどの生育条件によっても開花時期に違いがあるが、最盛期は1〜3月。散策時間は1時間ほどで、椿資料館も併設している。

地図p.25-C
☎04992-2-9111（大島公園事務所）／元町港から🚌35分、三原山頂口から🚌23分🚏大島公園から⛴すぐ／椿園は24時間入場可、椿資料館は8:30〜16:30）／無休／入園・入館無料

### A 洋種椿ゾーン

欧米で品種改良された後、逆輸入されたツバキを展示。花が大きく、華麗なものが多いのが特徴。濃紅に白斑が入るピンクダリアなどが代表的な品種だ。

### B 茶花ゾーン

茶道の時に一輪挿しの花として使う茶花。ここでは小さめの花をつけるワビスケ系のツバキを栽培。白い花を咲かせる可憐なシロワビスケなどが見られる。

### C サザンカゾーン

ツバキ科に属す日本特産種で、200〜300種類のサザンカを栽培する。サザンカの花は一枚一枚散るのが特徴。

### D 開花期別ゾーン

早咲き、普通咲き、遅咲き、極遅咲きのツバキが揃う。シーズンを通して様々な花が観賞でき、早いものは10月に花が咲く。

## ⓔ 展示温室

椿まつりの期間中開放。花が散ると、培養温室で新しく花を付けた品種と入れ替えて展示している。黄色の花をつける珍しい品種、キンカチャや、鮮やかな桃色・厚みのある花弁が特徴的な品種・ハイドゥンはここで見られる。充分な散策時間がない時はここがおすすめ。

## ⓕ 原種椿ゾーン

入口を入って右側はヤブツバキなど、原種の椿を展示。園芸品種とは違った素朴な美しさがある。

## ⓖ 売店

椿資料館横の売店では、実を使ったアクセサリーをはじめ、椿油やツバキの香りと色が楽しめる入浴剤、椿の柄が入った手ぬぐいなど、ツバキグッズも揃えている。好みのものを選んで伊豆大島の思い出にしよう。

### ツバキと伊豆大島

ツバキは古くは「古事記」や「日本書紀」にも登場し、学名をCamellia japonicaと国名を名付けられるほど日本にはなじみが深い。原産は東南アジアから東アジアで、生息域最北端の日本のツバキは特に美しいといわれる。

伊豆大島には昔からヤブツバキが多く自生しているが、日当たりと風通しがよく、火山岩のため水はけがいい土壌という条件によるものといわれる。実を絞って作る椿油の製造は江戸時代中期から始まったといわれ、幕末には島外へ売り出されるようになった。そして幕末から明治時代にかけては、防風と実の採集をかねて島内各地にツバキを植栽した。以来、椿油の生産が飛躍的に増え、島の特産品として観光客に人気のおみやげになった。

大島公園以外の見どころは泉津の椿トンネル(p.46参照)、波浮の沖の根椿トンネル(地図p.48-A)などがある。

もとまち　　地図 p.24-E

# 元町

## 大島の旅はここから

　伊豆大島の玄関口、元町港があるエリア。みやげもの店や飲食店が集中し、役場や金融機関もある島の中心地だ。スーパーなどの一般商店も多い。元町港は岡田や波浮、三原山など島内各地に向かうバスの発着所があり、タクシーも常駐している。近くには博物館などの見どころも。レンタカーやレンタサイクル店も多い。

見る&歩く

### 為朝館跡
ためとものやかたあと

地図p.42-A
元町港から🚶2分

　保元の乱で敗れ、大島に流された源為朝が住んでいたといわれる建物の跡。為朝は当時の島代官、藤井三郎大夫忠重の娘を妻にし、大島を本拠にほかの伊豆諸島まで勢力をのばしたといわれる。格式ある朱塗りの門や戦に備えた物見台、海に通じる抜け穴が現在も残っている。約800年ほど前に建てられたと伝えられる為朝神社もある。

☎ 04992-2-1213（ホテル赤門）
🕐 見学自由　🅿 なし

### 長根浜公園／元町浜の湯
ながねはまこうえん・もとまちはまのゆ

地図p.42-A
元町港から🚶4分

　元町港近くにある海に面した公園。園内の松に囲まれた芝生の広場は、のんびりと過ごすには最適だ。晴れた日には海の向こうに、伊豆半島や富士山がくっきりと眺められる。

　また、公園入口にある浜の湯は、1986（昭和61）年の三原山噴火後に湧き出した温泉を利用した露天風呂。夕日を眺めながら温泉に入れると評判だ。混浴なので入浴時には水着の着用を。

☎ 04992-2-1446（大島町観光産業課）
🕐 園内自由。浜の湯は13:00～19:00（7～8月は11:00～）
休 不定（天候による）　¥ 400円　🅿 あり

### 弘法浜
こうぼうはま

地図p.42-E
元町港から🚶10分

　広い砂浜が人気の海水浴場。一面に広がる黒い砂は、三原山の玄武岩質の溶岩の色。島で一番にぎわうビーチで、トイレ、シャワーは無料で完備。夏期には隣接の海水プールもオープンする。

☎ 04992-2-1446（大島町観光産業課）
🕐 プールは期間中9:00～16:00
休 期間中無休　¥ プール無料　🅿 あり

## 愛らんどセンター御神火温泉
あいらんどせんたーごじんかおんせん

地図p.42-A
元町港から🚢5分

　海を眺めるロケーションにある温泉施設。前夜に竹芝を出た夜行旅客船は、早朝に大島に到着する。ほとんどの店は閉まっているが、御神火温泉は夜行船の運航がある日は午前6時30分から営業しているので、夜行船到着後、港から移動してすぐに利用できる。大浴場、打たせ湯、ジャグジー、寝湯、サウナのほか、温泉プール、休憩室などを備えている。

📞 04992-2-0909
🕘 9:00〜21:00(夜行船就航翌日は6:30〜)
🚫 第2木・金曜(2月、3月、8月は第2木曜)
💴 入浴700円　🅿 あり

 POINT
てくナビ／元町港から左手に海を眺めながら、レンガ敷きの石畳を歩く。岡田港からはバスが出ている。

## 伊豆大島火山博物館
いずおおしまかざんはくぶつかん

地図p.24-F
元町港から🚢20分、B火山博物館から🚶すぐ

　世界でも珍しい火山専門の博物館。1986(昭和61)年の三原山噴火を機に、火山についての理解を深めてもらうために開館。火山と防災について展示され、世界の火山の実物資料が数多く公開されている。火山とのつきあい方、火山生成や噴火のメカニズムがよくわかる。また、仮想火山地底探検が楽しめるシミュレータ・カプセル「マグマツ

アーズ」や、伊豆大島と火山の歴史を迫力ある大画面で紹介するワイドスコープ映画(200円)も好評だ。

📞 04992-2-4103
🕘 9:00〜17:00(入館16:30)
🚫 不定(年間10〜11回休みあり)
💴 500円　🅿 あり

 POINT
てくナビ／港から大島一周道路を進む。発電所を過ぎると建物が少なくなってくるがやがて左手に洋館風の建物が見えてくる。

TEKU TEKU COLUMN

### 大島産の魚介類ならココで！

　町が運営する、地産地消をコンセプトにした魚介市場が**海市場**(地図p.42-C)。大島産のイセエビ(時価)、アワビ(1kg 7900円)、トコブシ(1kg4000円)、サザエ(1kg1600円〜)をメインに、キンメダイ、アコウダイ、タカベなど伊豆大島近海の地魚を販売。

元町港から🚶3分
📞 04992-2-5557　🕘 9:00〜16:00
🚫 水曜　🅿 元町港にあり

## 買う&食べる

### 元町／寿司
#### 海鮮茶屋寿し光
かいせんちゃやすしこう

地図p.42-C
元町港からから🚶2分

　イセエビやアワビ、サザエなど大島の海の幸が楽しめる寿司店。おすすめは、青唐辛子でピリッと仕上げた秘伝のタレに白身魚を漬けたべっこう寿司8貫1700円。そのほか、大島近海で獲れた魚をふんだんに使った島にぎり8貫1700円、島丼1600円、アシタバを練り込んだコロッケも人気。ロケーションがよく、すべての座席から海が見えるのも嬉しい。

📞 04992-2-0888
🕐 11:00〜14:00、17:00〜22:00
休 無休
¥ 昼1500円〜、夜3000円〜
P あり

### 元町／魚料理
#### 魚味幸
うみさち

地図p.42-B
元町港から🚶7分

　当日獲れた魚を使った料理が評判で、和食を中心としたメニューが揃う。冬が旬の魚、サビは小骨が多い白身の魚で、ハモのように骨切りして味わう島では定番の魚。サビの背ごし600円は、脂がのった刺身に青トウガラシの輪切りを添えて味わう料理。

📞 04992-2-2942
🕐 18:00〜22:30
休 日曜、第4月曜
¥ 夜3000円〜
P あり

### 元町／郷土料理
#### 雑魚や紀洋丸
ざこやきようまる

地図p.24-E
大島支庁前から🚶5分

　大島の伝統料理が味わえる店。地魚のメダイをトウガラシ入りの醤油に漬け込んだ大島名物の寿司「べっこう」を丼にしたものや、アオムロアジのたたきにゴボウを入れて揚げた「たたき揚げ」など、海の幸が味わえる。夜のメニューに加わるクサヤ630円〜なども好評だ。

📞 04992-2-1414
🕐 11:30〜13:30、17:30〜20:00(夏期時間変更あり)
休 不定休
¥ 昼1300円〜　夜1300円〜
P あり

### 元町／みやげ
#### 藤井工房
ふじいこうぼう

地図p.42-D
元町港から🚶5分

　大島の特産物である椿の木の枝を使った、あんこ人形彫刻体験ができる。一人1000円（彩色のみ500円）。また喫茶店も併設している。コーヒー400円、ケーキ400円など。大島の文化や歴史に関する資料の展示も見られる。

📞 04992-2-1628
🕐 10:00〜18:00
休 水・木曜　P あり

### 元町／みやげ
#### 恵比寿屋
えびすや

地図p.42-C
元町港から🚶すぐ

　特産品や民芸品を扱うおみやげの店。人気は牛乳煎餅300円〜。フレッシュな大島産の牛乳を使って焼き上げたもので、香ばしい風味と軽い食感が特徴。港から近いので、出港前に立ち寄るのにも便利。

📞 04992-2-1319
🕐 9:00〜17:00
　（季節により変わる）
休 無休　P なし

大島

おかた・くうこうしゅうへん　地図 p.24-A・B

# 岡田・空港周辺

## 島の北西側はサイクリングも最適

　元町港とともに大島の玄関口となる岡田港のあるエリア。港の周辺には、店や飲食店は少ない。見どころや食事処は大島空港の周辺に集まっている。

### 見る&歩く

### 乳ヶ崎
ちがさき

地図p.24-A
北の山から🚶25分

　島の最北端の岬で海抜は96mある。遊歩道が整備され、前方には伊豆半島が、後方には三原山が眺められる。岬の手前には源為朝ゆかりの古戦場があり、為朝を討つために追ってきた、狩野茂光の軍船を弓で沈めたという伝説が残っている。

📞 04992-2-1446（大島町観光産業課）
＊見学・散策自由

 POINT
てくナビ／林の中の登り坂を進む。芝生の広場からは大島灯台が眺められる。

### サンセットパームライン

地図p.24-A
元町港から🚗10分

　島の西岸を走るサイクリングロード。全長約5kmで、片道の所要時間は30分ほど。心地よい潮風を浴びながらサイクリングが楽しめる。特に夕方には日没と海の美しい風景が見られる。途中には和泉浜、万立浜、野田浜などのビーチや、赤禿などの見どころもあり、それらに立ち寄りながら走るのもいい。ところどころあずまややベンチも整備されている。

📞 04992-2-1446（大島町観光産業課）
＊一般の道路なので通行は自由

 POINT
てくナビ／元町港から行く場合は、長根浜公園を過ぎて左手に海を眺めながら行くといい。

### 町営牧場・ぶらっとハウス
ちょうえいぼくじょう・ぶらっとはうす

地図p.24-A
元町港から🚗20分

　大島空港に隣接する町営牧場の脇にあるのが、ぶらっとハウス。生産者60名が参加している農作物の直売所で、のどかなムードの中朝どりの新鮮な野菜や切り花、鶏卵などを販売。手作りアイス220円〜も。

📞 04992-2-9233
🕘 9:00〜16:00
休 無休
¥ 見学無料　P あり

# 大島ふるさと体験館

おおしまふるさとたいけんかん

地図p.24-A
♀ふるさと体験館入口から🚶1分

　大島の郷土芸能と特産品制作体験が楽しめる。椿油しぼり体験（2名〜）2160円は、砕いたヤブツバキの実を蒸してからしぼる昔ながらのやり方で椿油を作る。そのほか、淡いピンク色に仕上がるツバキの花を使った染物体験2160円〜も人気。オレンジ色に染める事もできるので好みの色に仕上げよう。輪ゴムを使ってオリジナルの柄を入れれば、自分だけのお土産に。アシタバやヤシャブシを使って染めることもできる。またツバキの灰を釉薬にした陶芸体験2160円もあり。体験メニューはいずれも予約が必要。

☎04992-2-3991
🕙10:00〜入館15:00
㊡火曜
¥各種体験2160円〜
Ｐあり

# 椿花ガーデン

つばきはなガーデン

地図p.24-B
♀椿花ガーデンから🚶すぐ

　約15万㎡の広大な自然林の中にある施設。国際優秀つばき園にも認定された椿園では日本一早咲きの椿が見られる。そのほか幾重にも重なった花弁が優美な卜伴錦（ぼくはんにしき）や、卵形に白い花をつける加賀八朔（かがはっさく）など、いくつもの種類の椿を栽培している。椿以外にも、あじさいや彼岸花などもあり、一年中花が楽しめる。

　ゴーカートやパターゴルフ（どちらも別途500円）もでき、うさぎと触れ合えるうさぎの森もある。家族連れや女性グループにおすすめのスポット。晴れた日には伊豆半島や富士山まで見渡せる芝生の広場には、椿の赤と海の青のコントラストが美しい見事な景色が楽しめる。

☎04992-2-2543
🕙9:00〜16:30（季節により延長あり）
㊡水曜、木曜不定
¥830円
Ｐあり

POINT　てくナビ／岡田港からも空港からも少し離れた場所にある。車やバスでのアクセスが便利だ。

大島

## 大島町郷土資料館
おおしままちきょうどしりょうかん

地図p.24-E
🚶 郷土資料館入口から🚌6分

伊豆大島の歴史や暮らしについて、3つのゾーンに分けて紹介。館内では島のなりたちや島内で出土した石器、伝統的な民具、祭礼時の衣装などを展示している。駐車場横には、150年前に建てられた茅葺きの民家を移築。まわりを生け垣で囲ってあり、屋根が低い。季節風が強く、火山の振動が多い大島の自然環境に合わせた造りだ。

📞 04992-2-3870
🕘 9:00〜16:30
休 無休
¥ 入館200円  P あり

TEKU TEKU COLUMN

### 道路を覆うツバキの古木

泉津地区の大島一周道路沿いは、ツバキの並木が約100mに渡って続き、島内有数のツバキの名所となっている。道の左右から大木が重なりあうように道路を覆う姿から、通称**椿トンネル**(地図p.24-B)と呼ばれ島民に親しまれている。なかには、太い枝が何本も枝分かれしている樹齢200年前後の古木も多い。花の見頃は1月〜3月。

買う&食べる

---

空港周辺／陶器

### 椿寿窯
ちんじゅがま

地図p.24-B
🚶 飛行場入口から🚌1分

溶岩や植物など、大島にちなんだ材料を生かした陶器を製造販売。メインの商品は椿の花焼で、釉薬にツバキの花や木を焼いた灰を利用したもの。ビアマグ2500円〜や花入れ1400円〜など。

📞 04992-2-3148
🕘 9:00〜13:00
休 火曜  P あり

---

空港周辺／レストラン

### 季まま亭
きままてい

地図p.24-A
🚶 飛行場入口から🚌1分

自家農園の無農薬野菜を使った、手作りの料理が自慢のレストラン。大島産のアシタバがたっぷり入った、醤油味の明日葉ピラフセットは、特有のほろ苦い風味が味わえる。サラダ、スープ、デザートが付いて1050円。季節ごとに素材が替わるカレー1000円は、黒豆入りの雑穀米を使用。

📞 04992-2-2400
🕘 11:00〜18:00
休 月・火曜
¥ 昼1000円〜  P あり

地図 p.25-L

# 波浮
はぶ

## 漁業で栄えたかつての風情が残る

　天然の良港といわれている、波浮港を中心にした島南部のエリア。昭和初期まで好漁場を控えた漁港としても賑わいをみせていた。当時の繁栄を物語る建物が残り、現在は静かな漁村の趣だ。見どころや食事処は港の周辺に集中している。

見る&歩く

### 波浮港
はぶみなと

地図p.48-A・B
♀波浮港から🚶すぐ

　円を描いたような入江で、波が穏やかな漁港。かつて「波浮の池」と呼ばれる火口湖だったが、江戸時代中期の大地震で海とつながった。その後1800（寛政12）年に、秋廣平六（あきひろへいろく）が幕府の許しを得て湾の入口を開削して整備。景勝地としても知られ、幸田露伴や林芙美子（はやしふみこ）など多くの文人墨客が訪れている。港の東岸には、のどかな風景を歌った野口雨情作詞「波浮の港」の歌碑が立つ。

☎04992-2-1446（大島町観光産業課）
＊見学自由

### 踊子の里
おどりこのさと

地図p.48-B
♀波浮港から🚶すぐ

　古くからの波浮の町並みが残るエリア。かつて漁船の乗組員や観光客の宴会で踊りを披露したのが、この地区に滞在していた踊子たちで、これが川端康成の小説「伊豆の踊子」のモデルとなった。港の東側の細い路地には、趣ある木造家屋が建ち並ぶ。近くには、よく宴席が設けられた旧港屋旅館や旧甚の丸邸、踊子坂などが残っているので、のんびりと散策するにはうってつけだ。

☎04992-2-1446（大島町観光産業課）
＊見学・散策自由

### 踊子の里資料館（旧港屋旅館）
おどりこのさとしりょうかん（きゅうみなとやりょかん）

地図p.48-B
♀波浮港から🚶3分

　かつて旅館だった建物。宴席があるたびに踊子たちが呼ばれていたという。今では当時の華やかな宴を等身大の人形で再現、資料館として公開している。明治から大正時代にかけて建てられた木造3階建てで、屋根は千鳥破風入母屋造り。風の強い大島では珍しい建築物だ。内部にはお客の混雑を緩和するために、各階に昇り降りする階段が2つ造られているのが特徴。

☎04992-2-1446（大島町観光産業課）
🕘9:00～16:00　休無休
¥入館無料　Pなし

大島

## 旧甚の丸邸
きゅうじんのまるてい

地図p.48-B
波浮港、上の山から🚶10分

　明治時代に建てられた網元の屋敷。石造り2階建てのどっしりとした建物は総床面積約100坪。伊豆下田の影響を受けて海鼠壁や大谷石を取り入れ、大島では手に入らない太い梁や床柱などをふんだんに使用しているのが特徴だ。2階には蚕を飼育していた部屋や、庭には石造りの倉庫も残っている。それらからは踊子を呼んで客をもてなしたといわれる、当時の主の豪勢な生活ぶりをうかがえる。

♪04992-2-1446(大島町観光産業課)
🕘9:00〜16:00
休無休
¥入館無料
Pなし

POINT　てくナビ／昔ながらの面影を残す木造の家が残っている道を歩く。急な石段を登り切ると、石造りの倉庫が見えてくる。

## 波浮港見晴台
はぶみなとみはらしだい

地図p.48-A
波浮見晴台から🚶すぐ

　波浮港西岸の高台にある展望台。円形の入江を一望でき、眼下には静かでのんびりとした漁村の風景が広がる。見晴台横には、1800(寛政12)年に港を開き、村を興すなど波浮地区発展の基礎を築いた秋広平六翁

之像が立つ。翁は大島だけでなく、利島にツバキを移植し、八丈島、御蔵島で炭焼技術の指導なども行なった。都はるみが歌った「アンコ椿は恋の花」の歌碑もある。

☎04992-2-1446（大島町観光産業課）
＊見学自由

## 波布比咩命神社
はぶひめのみことじんじゃ

地図p.48-D
♀波浮西岸から🚶すぐ

波浮港の西岸入口にひっそりと立つ社。創建は1200年以上前とも伝えられ、伊豆七島を造ったとされる事代主神の后、波布比咩命を祀る。昔から大漁と商売繁昌にご利益があると波浮の人々から信仰されてきた。毎年7月下旬に、大漁を祈願する本祭りが盛大に行われる。

☎04992-2-1446（大島町観光産業課）
＊境内自由

## トウシキ園地
とうしきえんち

地図p.25-L
♀大島南高校前から🚶5分

波浮港西岸の入口から南西に広がる公園。園内には広々とした芝生の広場やキャンプ場があり、トイレ、炊事場が整備されている。波浮港方面から海に沿って北に歩くと、磯釣りのスポットとして人気が高いトウシキの鼻と呼ばれる岩場がある。大物を狙う釣り人の姿も多い。

☎04992-2-1446（大島町観光産業課）
＊園内自由。ただしキャンプ場利用は事前に大島町観光産業課への届け出が必要

TEKU TEKU COLUMN

### 噴火の歴史を物語る地層切断面

元町から波浮に向かう、大島一周道路の途中にあるのが**地層大切断面**（地図p.25-K）。三原山噴火の歴史を刻んだ、鮮やかな地層が道路沿い約1kmに渡って続く。三原山の噴火は、研究の結果約145年周期で起こることがわかっているが、その度に層を重ねてきたものだ。茶色の層は火山灰、黒い層は小石大の噴石スコリアが降ったことを示し、この2層で1回の噴火に相当する。ところどころに見られる白い層は、約1200年前に噴火した神津島の火山灰といわれている。

## 筆島
ふでしま

地図p.25-H
🚶セミナー入口から🚶15分

波浮港から大島一周道路を1.5kmほど北へ進むと、その形から筆島と名付けられた岩礁が海中に立っているのが見える。高さは約30mで、100万年ほど前にこの海域に存在した筆島火山の残がいのひとつといわれている。展望台から階段を下ると、オタイ明神という小さな祠がある。昔の島民は、波や風に耐えて屹立する筆島の姿を神の宿る「御躰(おたい)」として崇めていた。筆島の周辺は遠浅の海岸で、夏には海水浴客で賑わいを見せている。季節運行のバス路線、大砂漠ラインの🚏筆島からは歩いてすぐ。

### 買う&食べる

### 波浮／寿司
## 港鮨
みなとずし

地図p.48-B
🚶波浮港から🚶1分

踊子の里の通り沿いにある江戸前寿司と磯料理の店。店裏の波浮港にあがった新鮮な魚介類が味わえる。人気の地魚刺身定食1850円はイサキ、トビウオ、トコブシ、サビなど旬の魚の刺身が3種類付く。地魚にぎりは1750円〜。活きのいい素材にひと手間加えた一品料理は季節によって時価で提供。

📞 04992-4-0002
🕐 11:30〜14:00、17:00〜21:00
🈺 火曜
💴 昼2000円〜 夜4000円〜
🅿 なし

### 波浮／寿司
## 大関寿司
おおぜきずし

地図p.48-C
🚶下地から🚶すぐ

新鮮な地魚を味わえると評判の寿司店。マグロなど定番のネタのほか、地元波浮の漁師から直接仕入れる魚介類もあり、地魚の種類が豊富。地魚にぎりはトコブシ、アカイカ、サザエ、カジキなど、旬のネタを使ったものが9貫付いて2700円。大ぶりのにぎりでボリュームも充分。抜群の鮮度と、季節ごとの地魚のさまざまな味わいを楽しもう。

📞 04992-4-0372
🕐 11:00〜14:00、16:00〜21:00
🈺 月曜(年末年始と夏期は無休)
💴 昼1300円〜 夜1300円〜
🅿 あり

### 波浮／くさや
## くさやの小宮山
くさやのこみやま

地図p.48-C
🚶下地から🚶1分

創業して100年ほどの、大島でも老舗のクサヤの店。クサヤが持つ本来の風味が味わえるアオムロアジ280円〜や、比較的淡白な味のトビウオ(時価)が評判。魚を漬けるクサヤ液は、江戸時代から続いているものだ。手軽に味わいたい人は、焼いたものをほぐして詰めたクサヤ瓶詰め1050円を。味付けしてあり、そのまま食べられるので、独特の風味が苦手な人でも食べやすい。

📞 04992-4-0270
🕐 8:00〜17:00
🈺 日曜
💴 クサヤ瓶詰め1050円
🅿 あり

# 泊まる

### 三原山／ホテル
## 大島温泉ホテル
おおしまおんせんほてる

地図p.35-B
♀三原山温泉から🚶すぐ

三原山頂口近くにあるホテル。内輪山の雄大な景色を望む解放的な露天風呂（日帰り入浴は800円）や屋上テラスで贅沢なひと時が過ごせる。食事は、串に刺した魚や野菜を椿油で揚げて食べる「椿フォンデュ」をぜひ味わいたい。宿泊プランによっては、大島近海産の金目鯛が味わえる。また、白身魚を青唐辛子と醤油で漬けたベッコウのづけ丼も人気（昼は要予約）。

- 📞04992-2-1673
- ¥(1泊2食付)平日1万2000円〜、休前日1万4000円〜、繁忙期1万6950円〜
- ℹ️開業1965年（改装1991年）／部屋数22室／HPあり

### 元町／ホテル
## ホテル白岩
ほてるしらいわ

地図p.42-D
元町港から🚶10分

島では老舗のホテル。大浴場では内湯・露天ともに、椿の開花時期になると、花を眺めながら温泉に浸かれる。夕食では舟盛りや金目鯛の姿煮など、大島近海でとれた魚介類を中心とした和食のほか、椿油を使った島ならではのオイルフォンデュが味わえる。朝食では手作り豆腐を提供。素朴なおいしさが評判だ。

- 📞04992-2-2571
- ¥(1泊2食付)平日1万3110円〜、休前日1万4190円〜、繁忙期1万7430円〜
- ℹ️開業1949年（改装2006年）／部屋数33室／HPあり

### 元町／旅館
## 湯の宿 くるみや
ゆのやどくるみや

地図p.24-E
♀大島高校から🚶2分

大島一周道路沿いにある温泉宿。源泉を持ち、毎分41リットルと湯量が豊富で100％天然かけ流し。泉質はナトリウム塩化物温泉で、神経痛や打ち身、疲労回復などに効果があるという。日帰り入浴800円。露天風呂もあるが利用できるのは宿泊客のみ。大島産の魚介類や野菜をふんだんに使った夕食が人気で、サザエを卵でとじた柳川鍋は優しい味わいが好評だ。季節によっては、島名物のタカベの塩焼きや刺身も献立に並ぶ。

- 📞04992-2-2551
- ¥(1泊2食付)平日1万5000円〜、休前日、繁忙期1万7000円〜
- ℹ️開業1965年（改装1990年）／部屋数21室／HPあり

### 元町／ホテル
## ホテル赤門
ほてるあかもん

地図p.42-A
元町港から🚶2分

元町港の近くにあり、島内各所への交通が便利な宿。為朝館跡(p.40)は敷地内にあり、ホテルの建物に行くには宿名の通り赤い門をくぐる。敷地内に湧出する自家源泉を利用した露天風呂があり、旅の疲れをゆっくりと癒やせる。日帰り入浴も可能（500円）。食事は新鮮な海の幸を使った海鮮しゃぶしゃぶが味わえる。露天風呂付きの客室のほか、海と伊豆半島が一望できる和室、離れのログハウスがある。

- 📞04992-2-1213
- ¥(1泊2食付き)平日1万円〜、繁忙期1万6000円〜
- ℹ️創業1950年（改装1993年／部屋数15室／HPあり

※2名1室利用（一人あたり）の料金を掲載

### 空港周辺／ホテル ⭐

## パームビーチ リゾートホテル

地図p.24-A
📍北の山から🚶20分

乳ヶ崎近くにあるリゾートホテルで、とくにダイバーからの人気が高い。島内有数のダイビングスポット野田浜に近く、屋外から直接入れるシャワー室やダイビング講習を行うプールなど、設備が充実している。夕食にはタカベやトビウオなど、季節の島の食材を使った料理が並ぶ。

📞04992-2-8511
💴（1泊2食付）平日、休前日とも8000円〜
ℹ️開業1987年（改装2006年）／部屋数16室／HPあり

### 空港周辺／民宿 ⭐

## 万立荘
まんたてそう

地図p.24-A
📍飛行場入口から🚶15分

緑に包まれた静かな宿。アシタバ摘みや、ツバキや草木を使った染め物作りなどが楽しめるため（要問い合わせ）、島ならではの体験をしてみたいという人におすすめ。食事はアシタバの天ぷらやおひたしなど、大島の素材を使った料理が味わえる。

📞04992-2-1094
💴（1泊2食付）平日、休前日、繁忙期とも7560円〜
ℹ️開業1958年（改装1997年）／部屋数9室／HPあり

### 岡田／民宿 ⭐

## 朝海館
あさみかん

地図p.45
📍岡田郵便局前から🚶5分

岡田港から坂道を登り、元町港方面へ向かった大島一周道路沿いにある。伊豆大島のレジャーに便利な宿。レンタサイクルが利用でき、島巡りが楽しめる。ログハウスの別館もあり、ダイビングや合宿など団体での利用も可能だ。

📞04992-2-8407
💴（1泊2食付）平日、休前日、繁忙期とも7500円〜
ℹ️開業1956年（改装2010年）／部屋数19室／HPあり

### 元町／ゲストハウス ⭐

## ゲストハウス オアシス アイランドゲート

地図p.42-B
元町港から🚶3分

アジアンテイストなゲストハウス。広々とした部屋でゆったりと過ごせる。オーナー夫妻の温かい人柄に魅かれて訪れるリピーターも多い。港や御神火温泉にも近く、近隣には観光地や飲食店が多い便利な立地。

📞080-1065-7090
💴（素泊まり）5400円
ℹ️開業1998年／部屋数3室

### 波浮／ホテル ⭐

## ロッジシークリフ波浮
ろっじしーくりふはぶ

地図p.48-A
📍波浮保育園前から🚶すぐ

青と白の外観がさわやかな印象のホテルで、波浮港近くの高台にある。宿泊者は無料で使えるプールがあり、客室から直接出入りできる。波浮の港を見渡せるレストランでは新鮮な魚介類を味わうことができる。ダイビングサービスと提携し、体験ダイビングの利用も可能。

📞04992-4-0881
💴（1泊2食付）平日、休前日、繁忙期とも9720円〜
ℹ️開業1989年／部屋数18室

※2名1室利用（一人あたり）の料金を掲載

## 元町／ホテル

### 伊豆大島 ホテル＆リゾート マシオ
いずおおしまほてるあんどりぞーとましお

地図p.24-F
元町港から🚗20分（送迎有）

　山の中腹にあるリゾートホテルは全室オーシャンビュー。3部屋のみで静かに大島の自然を満喫したい人におすすめ。夕食では新鮮な食材を使用した創作料理を、伊豆半島が望めるダイニングで味わえる。宿泊者専用の貸切風呂やバーラウンジもある。

- ☎04992-2-7317
- ¥(1泊2食付)平日2万520円〜、繁忙期2万2680円〜
- ℹ開業2001年／部屋数3室／HPあり

## 大島公園／公共の宿

### 海のふるさと村 セントラルロッジ
うみのふるさとむらせんとらるろっじ

地図p.25-C
📍大島公園から送迎バスで10分

　海に面した「海のふるさと村」にある自然に囲まれた宿泊施設。椿園や動物園のある大島公園からは海沿いに遊歩道が整備されている。
　園内では海水浴や磯釣りを楽しめ、キャンプもできる（p.18参照、テント1張1泊2000円〜。サイト料も別途必要になる）。テニスコート、キャンプファイヤー場など施設も充実している。ロッジ宿泊者のみ食事の予約ができる。

- ☎04992-4-1137
- ¥(素泊まり)2000円
- ℹ開業1986年／部屋数…8室

## 元町／コテージ

### フレンドハウス

地図p.42-B
元町港から🚗10分

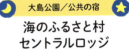

　全室離れの素泊まり宿。1棟貸しなので、人数が多いほどお得。グループでの利用にぴったりだ。併設の食事処では、べっこう丼や刺身など、活きのいい魚を使った料理が味わえる。ヒノキが香るお風呂で旅の疲れも癒える。

- ☎04992-2-0061
- ¥(素泊まり)1棟1泊1万円

## 元町／民宿

### ふれあい民宿椿山
ふれあいみんしゅくちんざん

地図p.24-E
元町港から🚗8分

　食事が美味しいと評判の民宿。食事は部屋食で、料理は一品ずつ温かい出来たてを提供。金目鯛をはじめとする地魚のお造りや郷土料理など、大島ならではのメニューが並ぶ。特製の漬け丼「親父丼」も人気の一品。リピーターも多く、夏季はすぐ満室になってしまうことも多いため、早めの予約を。

- ☎04992-2-1488
- ¥(1泊2食付)8000円〜（12/25〜1/7休)

大島

### その他の宿泊施設

| | | |
|---|---|---|
| 野田浜園 のだはまえん | ☎04992-2-8341／📍地図p.24-A／¥(1泊2食付)7000円〜、繁忙期7500円〜 ●野田浜に近く、海水浴やダイビングなどを楽しみたい人に便利。 | |
| 海人 かいんど | ☎04992-4-0914／📍地図p.48-A／¥(1泊2食付)7000円〜、繁忙期8200円〜 ●車イスに対応。併設のうどん店は地元の常連が多い人気の店。 | |
| ホテル奥源 ほてるおくげん | ☎04992-2-1019／📍地図p.42-C／¥(1泊2食付)1万800円〜（通年) ●全室オーシャンビューの宿。イセエビなどの特別料理もある。 | |

| としま | 地図 | p.4 |

# 利島

### エリアの魅力

絶景
★★
アクティビティ
★★★
温泉
なし
島の味覚
★★
アクセス難易度
★★★★★

## ツバキとサクユリが咲く美しい円錐形の島

　大島と新島に挟まれた周囲7.7km、面積4.1km²の小さな島・利島。なだらかな傾斜の宮塚山を中心にした島内には約300人ほどの人々が住む。島に生育する樹木の約8割はヤブツバキといわれ、椿油の生産量も全国シェアの5割以上を誇る。ツバキの段々畑や玉石垣の通りからは、島の人たちが昔から続けてきた素朴な暮らしが垣間見られる。

### 観光の問合せ先

利島村勤労福祉会館
☎04992-9-0046

## 利島への行き方

■船舶利用の場合
　東京・竹芝桟橋から東海汽船の大型客船と高速ジェット船が運航。下田からは神新汽船のカーフェリーが運航。
■ヘリコプター利用の場合
　大島から東邦航空の東京愛らんどシャトルが運航。

### 交通の問合せ先

■船舶
東海汽船
（お客様センター）
☎03-5472-9999
東海汽船（利島代理店）
☎04992-9-0193
神新汽船（下田営業所）
☎0558-22-2626

■ヘリコプター
東邦航空
☎04996-2-5200

## まわる順のヒント

　港のすぐ上が唯一の集落で、見どころ、食事処、民宿などがほとんど集中している。島内交通は徒歩のみだが、小さい島なので充分回れる。平地が少なく、急な坂道が続くため、港から集落中心部までは10分〜15分かかる。

## 見る&歩く

### はしけと海の歴史広場
はしけとうみのれきしひろば

地図p.55
利島港から🚶5分

桟橋ができる1980（昭和55）年まで、沖合に停泊する船と島の間を結んでいた「はしけ」と呼ばれる船が展示されている。

📞04992-9-0046（利島村勤労福祉会館）
＊見学自由

### 長久寺
ちょうきゅうじ

地図p.55
利島港から🚶15分

日蓮宗下田本願寺の末寺で、創建は1505（永正2）年。島の人々の菩提寺として、集落中央に静かなたたずまいを見せる。明治時代には島民の学習の場となっていた。

📞04992-9-0046（利島村勤労福祉会館）
＊見学自由

### 阿豆佐和気命神社
あずさわけのみことじんじゃ

地図p.55
利島港から🚶15分

島民から「明神様」と親しまれている氏神様。伊豆諸島を造ったという事代主神の王子、阿豆佐和気命を祀っている。大晦日は歌いながら年を越す風習が残る。

📞04992-9-0046（利島村勤労福祉会館）
＊見学自由

### 利島村郷土資料館
としまむらきょうどしりょうかん

地図p.55
利島港から🚶15分

「利島のくらし」をテーマに各種資料を展示。館内には縄文時代の石器や、かつて島内で盛んだった酪農や養蚕の資料、明治初期の民家の復元模型などがある。

📞04992-9-0331
🕙10:00～12:00、13:00～16:00
🚫土・日曜・祝日　💴無料

---

**TEKU TEKU COLUMN**

### 利島ダイビングサービス

島で唯一のダイビングショップなのでプライベート感覚でダイビングが楽しめる。ウミガメが高確率で見られ、タカベやイサキの群れ、大型の回遊魚など様々な海の生き物が見られる。ドルフィンスイムも人気。

📞090-3066-9333
📍地図p.55／利島港から🚶1分
🕗8:00～20:00　🚫不定

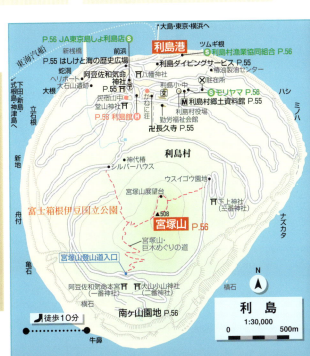

利島　1:30,000

### 南ヶ山園地
みなみがやまえんち

地図p.55
利島港から🚶2時間

　島の南側にあり、展望台やトイレ、ベンチがある公園。目の前に広がる洋上には、新島や式根島、神津島などの島々を望め、開放感あふれる眺めだ。

### 宮塚山
みやつかやま

地図p.55
利島港から🚶3時間

　島の中央にそびえる標高約508mの山。南ヶ山園地からは登山道が整備されていて、途中の展望台からは大島、房総半島、利島の村落を見ることができる。

## 買う&食べる

**椿油製品**
### JA東京島しょ利島店
じぇいえーとうきょうとうしょとしまてん

地図p.55
利島港から🚶15分

　利島産の椿の実を使用した椿油製品を販売。スキンオイル75㎖入1300円など。

📞 04992-9-0026
🕐 8:30～17:30
休 土・日曜・祝日

**鮮魚**
### 利島村漁業協同組合
としまむらぎょぎょうきょうどうくみあい

地図p.55
利島港から🚶10分

　近海で獲れた魚介類を漁協が直売する。季節によって大きく価格が変わるが、1kg当たりイセエビが7000～1万円、サザエは1700円前後が目安。宅配も可能(送料・梱包料は別途)。

📞 04992-9-0326
🕐 8:30～12:00、13:00～17:00
休 土・日曜午後(月曜が祝日の場合は日・月曜午後)

**みやげ**
### モリヤマ

地図p.55
利島港から🚶10分

　利島の名産品をはじめ、モリヤマオリジナルのキャラクター商品なども販売。ジェラートもあり、一番人気は海塩を使った海のジェラート。他にもイチゴ味やマンゴー味などがある。各シングル380円。

📞 04992-9-0201
🕐 9:30～17:30
休 不定
P なし

## 宿泊ガイド

| 利島館
としまかん | 📞 04992-9-0222／地図p.55／平日、休前日、繁忙期7000円～
●島で唯一の旅館。地元でとれた旬の食材を中心とした食事を味わえる。 |

※2名1室利用(一人あたり)の料金を掲載

新島
式根島
神津島
三宅島
御蔵島

にいじま　　地図　p.4

# 新島

### エリアの魅力

絶景
★★★
アクティビティ
★★★★
温泉
★★★
島の味覚
★★★★
アクセス難易度
★★

### 観光の問い合わせ

新島村役場産業観光課
☎04992-5-0284
新島観光協会
☎04992-5-0001

### 交通の問い合わせ

■船舶
東海汽船
（お客様センター）
☎03-5472-9999
東海汽船
（新島代理店）
☎04992-5-0187
神新汽船（下田営業所）
☎0558-22-2626
村営船「にしき」
☎04992-7-0825

■航空機
新中央航空
（調布飛行場）
☎0422-31-4191
（新島空港）
☎04992-5-0180

## 美しいビーチとモヤイ像が印象的

　美しい白砂のロングビーチを有する新島は、サーファーズ・パラダイスとして知られるばかりでなく、海岸ごとに、ホワイト、グレー、ブラックと砂の色が異なるという特徴をもっている。太平洋を見渡せる無料の露天温泉や、世界でも珍しいコーガ石の彫刻、ガラスアートの博物館など、さまざまな魅力が揃っている島だ。

### 新島への行き方

|  |  |  |  |  |  |
|---|---|---|---|---|---|
| 東京（竹芝桟橋） | 🚢 | 大型客船 | 所要約8時間30分～10時間35分 | 5740円 | 新島港 |
|  |  | ※金・土曜は横浜港経由の場合あり |  |  |  |
| 東京（竹芝桟橋） | 🚢 | 高速ジェット船 | 所要約2時間50分 | 8810円 |  |
| 下田港 | 🚢 | フェリーあぜりあ | 所要約2時間40分（日・火・金曜） | 3920円 |  |
|  |  | ※月・木・土曜は神津島・式根島経由で約4時間 |  |  |  |
| 調布飛行場 | ✈ | 新中央航空 | 所要約40分 | 1万4100円 | 新島空港 |

※各航路所要時間は季節や天候により変動あり
※船室に等級のある船は2等船室の料金

## 島内の交通

新島と式根島を結ぶ村営船「にしき」の発着時刻に合わせて、若郷と新島港を結ぶ無料の村営バスが運行されているが、あくまで島に住む人向けのバスなので、島内の交通手段はレンタサイクル、レンタバイク、レンタカーまたはタクシーと考えたほうがよいだろう。レンタサイクルは本村に店が集中していて、宿で貸しているところもあるので予約の際に確認を。主な見どころはレンタサイクルで回れる範囲に集中している。

また、新島のタクシーはリフト付きでサーフィンボードやキャンプ用品などの積み込みもできる。

## はじめの一歩

ほとんどの宿では予約を入れておけば、港や空港まで無料送迎してくれる。予約をしていない場合は港の側にある観光協会に立ち寄って、希望を所定の用紙に記入すれば、宿のあっせんや手配をしてくれる。まずは観光協会に寄って島内地図や観光ポイントの資料を入手しておけばより旅を楽しめる。大型客船で早朝に到着した場合、休憩したり朝食をとりたいときは、予約した宿に事前に相談してみよう。

島内にタクシーは6台しかなく、流しは走っていないので、利用するときは電話を。ただし、夜は営業していないこともあるので要注意。新島タクシーまでは空港から🚶3分ほど。

特産のコーガ石に刻まれたメッセージ

## 過ごし方のヒント

青い海と白砂のビーチが広がる新島では、通年トライできるサーフィン以外にも、夏の海水浴や秋の展望台からの美しい眺め、春限定で開園する新島エビネ公園（欄外参照）のエビネの花など、季節ごとの楽しみも。また、湯の浜露天温泉、新島博物館、ガラスアートセンターの体験コースなど新島ならではの見どころや体験も充実。楽に回りたいならタクシーやレンタカーがオススメ。

島一周は車なら2時間ほどで回れるが、レンタサイクルを利用するときはコースプランを立てよう。本村から南側のエリアなら1日で回れるだろう。

■タクシー
前田タクシー
☎04992-5-0318

前田タクシー

新島タクシー
☎04992-5-0346
横田タクシー
☎04992-5-0375

■レンタカー
大沼モータース
☎04992-5-0126
7:00～19:00／無休
レンタカー2時間3000円～（ガソリン代別）

■レンタサイクル
前忠商店
☎04992-5-0419
1時間500円、1日8時間1000円。

### 春だけのお楽しみ 新島エビネ公園

園芸ファンからも人気が高いニオイエビネなど、ラン科の多年草・エビネの群生が見られる新島エビネ公園。毎年開花期の4～5月のみ開園するスポットだ。

園内にはニオイエビネ、コウズエビネ、キエビネ、ジエビネなどの種類が約3万株が植えられている。ピンク、黄色、白など春の花の彩りとともに、公園中に広がるエビネの甘い香りも楽しみたい。

☎04992-5-0240（新島村役場建設課）／4～5月ごろの開花期のみ開園／¥入園無料／Pあり／地図p.61-A

キレイなビーチが待ってるよ

アクティビティも楽しめる！

# 青く輝く新島の海へ

青い海に囲まれた離島へ来たのだから、思い切りビーチと海に親しむアクティビティを満喫しよう。新島でのおすすめは何と言ってもサーフィンやボディボード。初心者でもインストラクターがいれば安心。海の遊びは、島旅を何倍も楽しいものにしてくれる。

## 羽伏浦海岸　はぶしうらかいがん
新島港から🚲で約20分　地図p.61-B

新東京百景にもなっている6.5kmにも渡る美しい海岸線で、白砂とエメラルドグリーンの海のコントラストに魅了される。波が高いことからサーフポイントとしても有名で、毎年、国内外のサーフィン大会が数多く開催。

トイレ・シャワーあり
Ｐあり

## 本村前浜海岸　ほんそんまえはまかいがん
新島港から🚶5分　地図p.61-A

新島港から北に続く穏やかなビーチで、新島の代表的な海水浴場になっている。ここの砂は変質火山岩類を約80％含有する、きれいなグレー色。

トイレ・シャワーあり
Ｐあり

## 間々下海岸　まましたかいがん
新島港から🚶5分　地図p.60-E

新島港から南に続く、白っぽいグレーの砂地のビーチ。すぐ目の前には防空壕などが残る鳥島があり、潮の満ち引きによっては海岸線から地続きになる。

トイレ・シャワーあり
Ｐあり

## 若郷前浜海岸
わかごうまえはまかいがん
本村地区から🚗で20分　地図p.60-B

　島の北側にある漁村・若郷にあるビーチで、ここの特徴は、玄武岩を約75％含有する黒い砂が広がっていること。他の海岸とは対照的な色に目を奪われる。

トイレ・シャワーあり
Pなし

### TEKU TEKU COLUMN

#### 海遊びの注意点

　新島のビーチはサーフィン向きと海水浴向きがある。前者は羽伏浦海岸が主で、季節にもよるが波が高いことが多いので海水浴をする際には注意が必要。見た目には穏やかな海でも、テトラポットの外洋側には出ないように。ビーチの状況は刻々と変わる。現地の看板に注意し、宿の人にも海の状況を聞いておこう。

### ビーチバーベキューを楽しもう！

　三郎浜（さぶろうはま）（地図p.61-A）には、石のバーベキュー炉がある。新島観光協会📞04992-5-0001へ届け出れば利用可能。網や鉄板は新島ストア📞04992-5-1068やマルマン商店📞04992-5-0222で、炭や野菜は新島のうきょう（地図p.61-C）で、魚や肉は本村地区のスーパーなどで入手できる。

## マリンアクティビティを楽しもう

### ●サーフィン

　古くからサーフィンのメッカとして名高い新島は、東側に続く羽伏浦（はぶしうら）海岸が絶好のサーフポイントになっている。特に波がよい季節は南西風が吹く4〜5月。それ以外の季節は初心者でもトライしやすい。北東にある遊泳禁止の淡井浦（あわいうら）海岸（地図p.60-B）もサーフポイントだが、潮の流れが速いので注意が必要。単独行動は避けよう。

### ●ボディボード

　ボードの上に腹ばいで乗って波の上を滑るアクティビティ。ボードが小さく、フィンをつけるのがサーフィンとの大きな違い。サーフィンよりも手軽に楽しめる。波乗りのスポットはサーフィンと同様。目線が水面と近いためよりダイナミックな体験ができる。

### ●釣り

　新島では浜でも海釣りを楽しむことができる。羽伏浦海岸はサーフポイントとしての認知度が高いが、釣りの好ポイントでもある。間々下海岸では水温が低くなるとヒラメが多く釣れる。

**サーフステーションハブシ**　地図p.61-B
📞04992-5-1816／⏰11:30〜16:00／休火・水曜（7〜8月は無休）／Pあり

**エレガンス**　地図p.61-C
📞04992-5-1316／⏰8:30〜19:00（7〜9月は7:00〜21:00）／休無休／Pあり／ボードレンタルは1日3000円〜

**新島マリン**　地図p.61-C
📞04992-5-0331／⏰8:30〜19:00／休月曜／Pなし／竿レンタル要問い合わせ

青く輝く新島の海へ

国内では新島にしかない！

# コーガ石と新島ガラス

島の南側の向山で多く産出する、新島特産のコーガ石。軽石のように内部に無数の気孔があり、断熱性に優れているため、かつては建築資材に加工されていたという。淡い緑色が特徴の新島ガラスの原料にもなっている。

## 世界でも珍しいコーガ石と新島ガラスの深い関わり

　火山島である新島は、島の北側にある玄武岩層の一部を除けば、ほとんどが新島特産の「コーガ(坑火)石」と呼ばれる火山岩でできていると言ってもよい。

　コーガ石とは、火山噴火の水蒸気爆発によってできたスポンジ状の軽石で、主成分は黒雲母流紋岩。火山から溶けだした際にガスが抜けきらない状態で冷却したため、発泡スチロールのように熱を伝えにくい多孔性軽量石材となった。そのため比重が軽く水に浮き、断熱効果、保温効果もよいことから、製材や建材として活用されている。世界中を探してもイタリアのリパリ島と新島だけでしか採れない、とても珍しい石だ。

新島へ行ったなら、世界でも希少なコーガ石の彫刻やガラスをぜひ自分の目で観察してみよう。そして制作体験も行えば旅のいい思い出になるだろう。

## 貴重な石を使った工芸体験「新島ガラスアートセンター」

　新島ならではのコーガ石を原料とした、淡いオリーブグリーンの美しいガラス工芸が行われている工房で、実際に自分で作品を作る体験コースが人気。

　スタッフと一緒にグラスなどを作る宙吹き1日コースが1万800円(土・日曜のみ)、コップ制作コース(約30分) 2700円、手形制作コース(約20分) 2620円。世界にひとつしかない自分のオリジナル作品が作れる。見学無料、ガラス工芸体験教室(要予約、12:00〜13:00は休館)は有料。

地図p.61-A／新島港から🚶15分
♪04992-5-1540
🕙10:00〜16:30
休火曜　Pあり

# 見る&歩く

## 湯の浜露天温泉
ゆのはまろてんおんせん

地図p.61-A
新島港から🚶5分

　海岸沿いに建てられた神殿風のオブジェが目をひく人気の露天温泉。間々下温泉が源泉(約60度)で疲労回復、関節痛など多くの効能があるといわれる。入口すぐに大きめの露天風呂と打たせ湯がある。階段を上がると海が一望できる見晴台と小さな露天風呂も。眺めがすばらしい温泉に通年無料で入浴できるのが嬉しい。トイレ、シャワー付更衣室完備。入浴は水着の着用を。

📞 04992-5-0240(新島村役場産業観光課)
🕐 24時間入浴可
休 無休
P あり
¥ 入湯無料

## 新島現代ガラスアートミュージアム
にいじまげんだいがらすあーとみゅーじあむ

地図p.61-A
新島港から🚶10分

　日本、アメリカ、オーストラリア、イタリアなど10カ国以上のガラス作家の作品50点を常設(収蔵は約100点)している美術館。アメリカ初の人間国宝に選ばれたデール・チフリ氏や地元出身の野田収氏など、国内外問わず多くの作家のガラス作品を展示している。毎年開催されている「新島国際ガラスアートフェスティバル」では主に海外から作家を招待し、ワークショップが行われる。フェスティバルで制作された作品は館内に展示されることも。世界のガラスアートに触れることができる美術館だ。作品を見学したら、隣接の新島ガラスアートセンターで、作品制作にトライしたい。

📞 04992-5-1840
🕐 9:00〜16:30
休 火曜
P あり
¥ 入館300円(隣接するショップは無料)

## 羽伏浦新東京百景展望台
はぶしうらしんとうきょうひゃっけいてんぼうだい

地図p.60-D
新島港より🚗10分

　新東京百景に選ばれている羽伏浦海岸を高台から見下ろす展望台。羽伏浦海岸は真っ白な砂浜が約6.5kmに渡って続き、青い海とのコントラストがまるで海外のビーチのような風景を作り出している。この美しい海岸を、羽伏浦漁港近くの展望台から一望できる。吹き抜ける風もさわやかな気分にしてくれる。

📞 04992-5-0240(新島村役場産業観光課)
＊ 見学自由

## 新島村博物館
にいじまむらはくぶつかん

地図p.61-B
新島港から🚶30分、または🚗5分

　1階では新島・式根島の歴史や自然、島の文化と暮らしなどが分かる展示品や資料を公開。海岩の砂の色の違いやコーガ石について、流人の歴史、漁労方法やクサヤの作り方などを知ることができる。2階には、国内外で使われたサーフボードが並び圧巻だ。1960年代を中心にヴィンテージものを多数展示。屋外には囲炉裏のある茅葺きの民家と、新島ならではのコーガ石の民家が展示されている。

📞 04992-5-7070
🕐 9:00〜16:30
🚫 月曜（祝日の場合は翌日）
🅿 あり
💴 入館300円

 POINT　てくナビ／島の中心部の外れからさらに山道を登った先にある。白いピラミッドのような外観が特徴的。

## 石山展望台
いしやまてんぼうだい

地図p.60-E
新島港から🚶約2時間、または🚗20分

　コーガ石を産出する石山（向山）にある展望台。道は舗装され、自転車でも登ることができる。順路に矢印マークが書かれたコーガ石が置かれているので、その通りに進んで行けば眼下に海が広がる雄大な眺めの場所に出る。
　晴れていれば三宅島、神津島、伊豆半島などを一望でき、天気が悪い日でも式根島は見られる。展望場所には一体のモヤイ像があることでも知られている。青い海と空をバックにたたずむモヤイ像の前は、記念撮影をしたくなるようなロケーションだ。

📞 04992-5-0240（新島村役場産業観光課）
🅿 あり
＊展望自由

 POINT　てくナビ／頂上までは広大なコーガ石の採掘場を通る。荒涼とした景色の先に現れる青い海は感動的だ。

## 富士見峠展望台
ふじみとうげてんぼうだい

地図p.60-C
新島港から🚶1時間半〜2時間、または🚗約20分

　新島一の展望を誇る場所で、島で最も高い標高432mの宮塚山の途中にある。展望場所までは手軽に行けるドライブコースになっているが、のんびりハイキングするのもいい。ピラミッド型のコーガ石のある宮塚山展望台からは新島港や本村、式根島、神津島などが見渡せる。

📞 04992-5-0240（新島村役場産業観光課）
🅿 あり
＊展望自由

## 買う&食べる

---

### パン
### かじやベーカリー

地図p.61-C
新島港から🚶15分

　新島だけでなくほかの島からも注文がくるほど評判のパンの店。人気は大人の味のミルクパン105円、自家製のあんを使ったあんドーナツ、ピーナツバンズ、カツパン各130円など。明るい店内には焼きたてが随時店頭に並ぶ。島歩きのお供にもちょうどいい。店先にはテーブルとイスも置かれているので、朝食や昼食に、焼きたてをほおばりたい。

📞 04992-5-0179
🕐 7:30〜19:00
休 火曜(8月は無休)
¥ パン各種100円〜
P あり

---

### 居酒屋
### サンシャイン

地図p.61-C
新島港から🚶15分

　2015(平成27)年にオープン。居酒屋だが昼もランチ営業をしている。人気は店主が考案した元祖明日葉ペーストチャーハン1180円。そのほか自家製タレに漬け込んだ金目鯛やタカベなどが乗った新島丼1180〜1500円(時価)など、地元の食材を使った創作料理が味わえる。また、夜の居酒屋メニューではバイスサワーがオススメ。梅の酢を使用したサワーで、甘酸っぱさが癖になる一杯。店主が音楽好きなこともあり店内にはDJブースがある。

📞 080-3217-8729
🕐 11:00〜14:00
　18:00〜22:00
休 木曜
¥ 昼1000〜2000円
　夜3000円〜
P あり

---

### ところてん
### がんばるじゃん

地図p.61-C
新島港から🚶15分

　島のアットホームなスナック。名物は、生活習慣病予防を目的にママが開発した、新島ところてん「ぶとっこ」。自家船で5月に採る、一番どりの天草を使用した自信作だ。朝どりのアシタバ入り、玉ねぎエキス入り、プレーンの3種類。各1個250円で、豆腐のような塊になっている。新島港待合所脇の黒根売店でも販売。黒蜜をかけてデザートに、またサラダにも。もちろん店内でも食べることができる。店内ではほかに明日葉コロッケ50円やタカベを使ったメニューなど時期によって島で獲れたものを提供している。

📞 04992-5-1232
🕐 19:30〜翌1:30
休 日曜
¥ 250円
P あり

---

### 寿司
### 栄寿司
さかえずし

地図p.61-D
新島港から🚶10分

　新島のメイン通りにある新鮮なネタを使った寿司が味わえる店。島寿司2000円は真鯛や金目鯛をタレに漬け込み、洋からしで頂く島の名物。さっぱりとした口当たりだが、ネタには脂が乗っていて食べ応えあり。のり巻きやいなり寿司はほっとする素朴な味わい。夜はお酒も飲めるので、一杯やりたい人にもオススメ。観光客はもちろん、地元の人も訪れるため来店の際は電話で確認を。

📞 04992-5-1539
🕐 11:00〜14:00
　18:00〜22:00
休 不定休
¥ 昼1200円〜　夜1000円〜
P あり

## 郷土料理
### 梅与
うめよ

地図p.61-C
新島港から🚶15分

　その日に水揚げされた魚しか調理せず、冷凍モノは一切使わないというこだわり。そのため水揚げがない日は休業してしまうので電話で確認を。魚定食1200円～、サザエのつぼ焼き400円～などのほか冬は魚介鍋、伊勢エビ鍋などのメニューが加わる。

- 📞 04992-5-0143
- 🕐 12:00～14:00、18:30～21:30（要予約）
- 休 不定
- ¥ 昼1200円～　夜2000円～
- P あり

## 居酒屋
### 鳥勝
とりかつ

地図p.61-C
新島港から🚶15分

　島民の常連客が多い居酒屋。30種類以上のメニューがずらりと壁に貼ってあり、アシタバの天ぷら540円～や、たたき（つみれ）揚げ540円、クサヤ324円～など、島らしいつまみが揃う。

- 📞 04992-5-1032
- 🕐 17:00～22:00
- 休 木曜
- ¥ 夜2000円～
- P なし

## 島酒
### 宮原
みやはら

地図p.61-D
新島港から🚶18分

　良質の地下水があり、湧き水がおいしい新島だけに、島酒（焼酎）は評判。口当たりが軽く飲みやすい麦焼酎「嶋自慢 麦」（720㎖入1223円）のほか、嶋自慢原酒をホワイトオークの樽で1～2年熟成させた麦焼酎「嶋自慢 樫樽貯蔵」（720㎖入1602円）などを製造・販売している。

- 📞 04992-5-0016
- 🕐 9:00～19:00
- 休 日曜
- ¥ 嶋自慢550円（300㎖）～
- P なし

## クサヤ
### 丸五商店
まるごしょうてん

地図p.61-C
新島港から🚶20分

　新島が発祥の地という説もあるクサヤは、開いた魚を「クサヤ汁」という独特の汁に半日から1日浸して水洗いし、乾燥させたもの。トビウオ350円～や青ムロアジ250円～、小アジ540円～など、種類は豊富。作りたてのクサヤをおみやげにしてみよう。

- 📞 04992-5-0139
- 🕐 8:30～18:00
- 休 日曜（夏期は無休）
- ¥ 250円
- P あり

## レストラン
### れすとハウス

地図p.61-A
新島港から🚶15分

　新島親水公園の中にある洋食のレストラン。オープンキッチンの開放的な空間で食事ができる。明日葉と岩のりのパスタ980円や、島のりのタコライス1080円など、島の食材を使ったメニューが人気。

- 📞 04992-5-1772
- 🕐 11:00～16:00（冬期変更あり）
- 休 無休
- ¥ 昼900円～
- P あり

# 泊まる

### 空港周辺／ホテル
## 新島グランドホテル
にいじまぐらんどほてる

地図p.61-B
新島港から🚗7分

島の中央部の高台に建てられている新島唯一のホテル。洋室と和室があり、全室冷暖房、トイレ、バス＆洗面付き。浴場、プール、宴会場などがあり、レンタサイクル（1日1300円〜）も利用できる。食事は島の食材を生かした和食が中心となっている。羽伏浦海岸まで徒歩10分と地の利もよく、プライベートを重視するカップルなどにも向いているホテルだ。

☎ 04992-5-1661
¥ （1泊2食付）1万1500円〜、繁忙期1万3600円〜
ℹ 開業1991年／部屋数34室

### 本村／旅館
## 旅館大野屋
りょかんおおのや

地図p.61-C
新島港から🚗3分

一人から利用でき、ビジネス利用の人もちらほら。部屋は8畳間の和室が中心。食事は地元でとれた魚介や、アシタバをはじめとした家庭菜園の野菜をふんだんに使った料理が評判。品数が多いのも人気の理由だ。海とスーパーが近く、大浴場がある。

☎ 04992-5-1100
¥ （1泊2食付）9180円〜、繁忙期1万1000円〜
ℹ 開業1963年／部屋数10室

### 本村／民宿
## 民宿浜庄
みんしゅくはましょう

地図p.61-C
新島港から🚗3分

宿のご主人が釣り師で、その日にとれた新鮮な魚やサザエなどを夕食に出してくれることからリピーターも多く、釣り客に人気の民宿。和室8部屋と洋室2部屋がある母屋のほか、庭を挟んだ向かいには、和室が5部屋ある別宅も。

☎ 04992-5-0524
¥ （1泊2食付）6800円〜、繁忙期8000円〜
ℹ 開業1979年／部屋数15室

### 本村／民宿
## 大沼
おおぬま

地図p.61-D
新島港から🚗4分

柱や風呂の天井にコーガ石が使われている民宿。食事は、島の魚や野菜を使った和食が中心。レンタカー（1日8000円〜）もある。

☎ 04992-5-0126
¥ （1泊2食付）7500円〜
ℹ 開業1973年／部屋数5室

### 羽伏浦海岸／ロッジ
## サーフステーションハブシ

地図p.61-B
新島港から🚗7分

羽伏浦海岸徒歩すぐのところにあるサーファーロッジ。サーフィン用の小物や屋外シャワーもあり、観光客はもちろんサーファーたちで賑わう。ツインの洋室5部屋があり、レストランも併設している。

☎ 04992-5-1816
¥ （素泊り）6500円（通年）
¥ 刺身付夕食 別途2500円

※2名1室利用（一人あたり）の料金を掲載

### 本村／民宿
## 民宿 治五平
みんしゅくじごへい

地図p.61-D
新島港から🚗5分

新島の中心部にある宿。地産地消を心がけ、食事には島の野菜や、宿主が釣る魚などが使われている。無線LANフリースポットや24時間利用できるシャワーがあるのも便利。新島近海の釣りスポットの情報にも明るく、フィッシングで訪れる人にも好評だ。

- 📞 04992-5-1797
- 💴 (1泊2食付) 6800円～、繁忙期7500円～
- ℹ️ 開業1955年／部屋数12室

### 本村／民宿
## 新兵衛
しんべえ

地図p.61-D
新島港から🚗7分

羽伏浦海岸に近く、海までレンタサイクル(1日500円)を利用して約5分という立地でもあるため、サーファーに人気がある宿。入口には24時間利用可能なシャワーがあり、サーフィン、海水浴など海から上がったあとに便利。部屋は6畳が中心となっていて、角部屋からは海が見え、室内はとても清潔だ。

- 📞 04992-5-0890
- 💴 (1泊2食付) 6800円～、繁忙期7000円～
- ℹ️ 開業1971年／部屋数11室

### 本村／民宿
## 梅与
うめよ

地図p.61-C
新島港から🚗5分

併設する島料理の店(p.68参照)と同経営の民宿というだけあり、島の食材を使用したおいしい食事が自慢。6畳間のほか、8畳間、10畳間と広めの部屋もある。

- 📞 04992-5-0143
- 💴 (1泊2食付) 7500円、繁忙期8500円

### ♨ 間々下／村営ロッジ ♨
## 新島村温泉ロッジ
にいじまむらおんせんろっじ

地図p.61-A
新島港から🚶20分

和室と洋室があり、全室トイレ・洗面、冷暖房完備なので心地よい。新島で唯一温泉がある宿泊施設で、自慢のお湯は、神経痛など20以上の効能があるといわれている。温泉は宿泊客以外でも利用できる(夏期など宿泊客で混んでいるときは不可、入浴料400円)。レストランも完備。

- 📞 04992-5-1199
- 💴 (1泊2食付) 8925円
- ℹ️ 開業1998年／部屋数10室

## 宿泊ガイド

| | | |
|---|---|---|
| 岩本<br>いわもと | 📞04992-5-1444／📍地図p.61-D／💴1泊2食付6500円<br>●GWから11月まで、季節営業の民宿。客室は和室6畳間が中心。 | |
| シーフラワー青峰<br>しーふらわーあおみね | 📞04992-5-1714／📍地図p.61-B／💴1泊2食付7200円～<br>●新島空港近く。マンゴー色の外観の宿。家族連れやカップルに人気。 | |
| ペンション・オアシス | 📞04992-5-1775／📍地図p.61-B／💴(素泊まり)7000円、繁忙期8100円～<br>●3人まで泊まれるバス・トイレ付きの洋室が3室。無料WiFiあり。 | |

しきねじま　　　地図　p.4

# 式根島

## リアス式海岸の入江が美しい温泉天国

新島から船でわずか10分足らずの式根島は、周囲約12kmの小さな島。複雑に入り組んだリアス式海岸には白砂の美しいビーチがあり、南部の海岸にはワイルドな景観の天然温泉もある。自然の醍醐味や神秘さを満喫しつつ、のんびり過ごせる島だ。

### エリアの魅力

絶景
★★★
アクティビティ
★★
温泉
★★★★★
島の味覚
★★★
アクセス難易度
★★

### 観光の問い合わせ

新島村役場式根島支所
☎04992-7-0004
式根島観光協会
☎04992-7-0170

 HINT

## 式根島への行き方

### ■船舶利用の場合

東京・竹芝桟橋から東海汽船の高速ジェット船が1日1~2便運航(季節により運休日あり)。大島・利島・新島を経由し、3時間。多客期には直航便があることも。大型客船は東海汽船が大島・利島・新島経由で毎日運航。所要9時間~11時間(季節による)。GWや夏期には増便となることもある。下田港からは、神新汽船のカーフェリーが神津島または新島・利島経由で1日1便運航(水曜運休)。

### ■航空機＋村営船「にしき」利用の場合

新島と式根島間を結ぶ村営船「にしき」が1日3便運航しているので、東京から新島までは飛行機を利用して、「にしき」で式根島へ渡る方法もある(新島からの所要時間約10分)。新島空港から港まではタクシーで移動するのが早い。船舶が小さいため、海況が悪いと欠航になる場合が多い。運航の有無はにしき事務所(☎04992-7-0825)や宿に確認を。

### 交通の問い合わせ

■船舶
東海汽船
(お客様センター)
☎03-5472-9999
東海汽船式根島代理店
☎04992-7-0357
神新汽船(下田営業所)
☎0558-22-2626
村営船「にしき」
☎04992-7-0825

■航空機
新中央航空(調布飛行場)
☎0422-31-4191
新中央航空(新島空港)
☎04992-5-0180

## 島内の交通

　式根島はバスやタクシーがないので、島内をまわる交通手段は、レンタサイクル、レンタバイク、レンタカーが便利。レンタカーは「式根島モータース」「藤井サービス」の2軒のみ。レンタバイクやレンタサイクルは宿で貸しているところもあるので、予約の際に確認してみよう。周囲12kmの小さな島なので、レンタサイクルでも主な見どころは1日で回れてしまう。

## はじめの一歩＆過ごし方のヒント

　野伏港のすぐ前にある式根島観光協会案内所には、船の入港時以外でも職員が常駐しているので、到着したらまず立ち寄って島内地図や情報を入手しよう。どこの宿も予約を入れておけば港まで無料送迎してくれる。

　温泉やビーチ、展望台へ向かう道の多くは起伏があるため、自転車は電動アシスト付を使うと楽だ。また、新島に比べると商店が少なく、夏期以外はどこも閉店時間が早いので買い物は午後6時半くらいまでに済ませるのが無難だろう。

■レンタカー＆
レンタサイクル
式根島モータース
☎04992-7-0146
8:00～17:00／無休
レンタカー（軽自動車）2時間3000円、24時間7000円、レンタサイクル1日1000円、電動アシスト1日2000円
藤井サービス
☎04992-7-0337
8:00～18:30／不定休
レンタカー（軽自動車）4時間5000円～、24時間7000円

## 新島の展望スポット

### ぐんじ山展望台　地図p.73-D
ぐんじやまてんぼうだい

石白川海岸近くの展望台で、海水浴場から歩いても5分ほど。木造りのデッキに上がると、眼下に式根島特有のリアス式海岸が、前方に三宅島や御蔵島、左に新島、右に神津島などが見渡せ、眺望と潮風が気持ちいい。足元の岩は、貴重なウミネコの群生地となっており、繁殖シーズンにはバードウォッチングをしに訪れる人も多い。

野伏港から🚢20分
☎ 04992-7-0004（新島村役場式根島支所）
＊見学自由

### 神引展望台　地図p.72-A
かんびきてんぼうだい

新東京百景に指定された式根島一の景勝地。標高99mの神引山のほうへ向かって駐車場から上がって行くと、目の前は紺碧の大海原。展望台の下には透明度が高い神引湾が見える。晴れている日は周辺の島々や伊豆半島、富士山まで眺められる展望のよさ。日陰がないので帽子を忘れずに。

野伏港から🚢40分
☎ 04992-7-0004（新島村役場式根島支所）
＊見学自由

自然のなかで天然温泉を楽しむ

# 海と一体の露天風呂

島には24時間入れる天然温泉が3か所もあり、温泉好きにはたまらない。
海を眺めながら、露天風呂三昧。

ワイルドさが魅力！

### 地鉈温泉　地図p.72-B
じなたおんせん

　海岸にある秘湯感あふれる温泉で、巨大な岩壁を鉈で割ったような形をしているのが温泉名の由来。その先に鉄錆色（てっさび）の温泉がいくつも連なり、景観はかなりワイルド。泉質は塩泉でナトリウム-塩化物強塩温泉。神経痛、胃腸病、婦人科疾患などに効き、「内科の湯」と呼ばれている。潮の干満で水位と温度が常に変化し、干潮時には80度を超える湯壺もある。

↑温泉は海水と混ざって程よい温度になる
←温泉に入る前に「湯加減の穴」（地図p.73-E）で温度チェック

野伏港から🚢30分
📞04992-7-0004
　（新島村役場式根島支所）
水着着用、駐車場にトイレあり
🕐24時間入浴可　💴無料

POINT　てくナビ／「湯加減の穴」から200mほど先に駐車場がある。

### 憩の家　地図p.73-E
いこいのいえ

　村の共同温泉浴場で、男湯と女湯に分かれている。屋内温泉なので天候に関係なく入ることができる。休憩室やマッサージチェアもあり、ゆったりくつろげる。

野伏港から🚢20分
📞04992-7-0576
🕐10:00～21:30
　（最終入館21:00）
💤水曜　💴入浴料200円

POINT　てくナビ／洗い場・潮を流す場として利用できる。石鹸の使用可。

地鉈温泉から近いのでシャワーとして立ち寄れる

## 松が下雅湯
まつがしたみやびゆ
地図p.73-E

足付温泉に続く道の入口にある。湯は足地山温泉から引いているので、潮の干満に関係なく入浴できる。泉質は地鉈温泉と同じ。錆色をしているため白い水着で入浴すると色がうつることも。湯舟は浅く、湯加減はほぼ一定。

野伏港から🚶25分（足付漁港の横）
☎04992-7-0004（新島村役場式根島支所）
水着着用、脱衣所、シャワーあり
⏰24時間入浴可　💰無料

足湯もあるので水着がなくても楽しめる

## 足付温泉　地図p.73-E
あしつきおんせん

松が下雅湯から遊歩道を4分ほど行くと、温泉が湧く岩場に出る。こちらは無色透明のナトリウム-塩化物強塩温泉。擦り傷、切り傷に効能があり、別名「外科の湯」とも言われている。海を前にした岩の中の風情ある温泉。

野伏港から🚶30分
☎04992-7-0004
（新島村役場式根島支所）
水着着用、脱衣所あり
⏰24時間入浴可　💰無料

海と一体の露天風呂

足に傷のあるアシカが入っていたことが温泉名の由来

### TEKU TEKU COLUMN

**海の中から見える温泉**

島の南西にある御釜湾海中温泉（地図p.72-A）は、港から船に乗らなければ辿りつけない秘湯中の秘湯。白い湯気が立ち上る岩場はツアー客だけの貸切風呂だ。さらに海中に潜ると、海底からブクブクと温泉が湧き出る様子を見ることができる。無数の気泡が辺りを埋め尽くす不思議な光景はダイバーだけが見ることができる。

> 全身で楽しもう！

海水浴もシュノーケリングも！

# 遊べる絶景ビーチ

入り組んだ形の式根島には4つの海水浴場があり、その全てが湾内にある。砂浜もあれば岩場もあり、泳いだり磯遊びが楽しめる。波が穏やかなので子供連れでも安心。どのビーチも中心部からレンタサイクルで行ける距離にある。

## 泊海岸
とまりかいがん

地図p.72-A
野伏港から🚶10分

島の北側にある人気スポット。扇状に広がる美しい風景は、よくポストカードにもなっている。海水は透明度抜群で、小さな魚など、海中生物の観察も楽しめる。湾の外側は遊泳禁止になっている。

トイレあり／シャワーあり
Pあり／夏期売店あり

## 中ノ浦海岸
なかのうらかいがん

地図p.72-A
野伏港から🚶35分

岩場に囲まれた小さな湾だが、波は穏やか。島の海岸の中では比較的水深があり、シュノーケリングやダイビングに適している。サンゴやたくさんの魚が見られる。

トイレあり／シャワーなし
Pあり／夏期売店あり

## 大浦海岸
おおうらかいがん

地図p.72-A
野伏港から🚶25分

入り組んだ海岸線。白砂ビーチの先の海中は岩場になっていて、魚を鑑賞する好ポイントでもある。西側に位置しているため、島随一の夕日スポットとして親しまれている。

トイレあり／シャワーあり
Pあり

## 石白川海岸
いしじろがわかいがん

地図p.73-F
野伏港から🚶30分

道路から階段を下りてすぐのビーチは、真っ白な砂地で穏やかな海岸。レストランや商店、温泉が近いので、子供連れの海水浴に最適だ。潮が引けば磯遊びもできる。

トイレあり／Pあり
夏期売店あり

## 買う&食べる

---

**野伏港／魚加工品**

### にいじま漁協式根島事業所
にいじまぎょきょうしきねじまじぎょうしょ

地図p.73-C
野伏港から10分

その日に水揚げされた魚をはじめ、トビウオや青ムロアジのたたき(つくね)を製造しており、2階の漁協直売所で購入可能。300g入り540円。焼いたり揚げたりすればサツマ揚げ風になり、酒のつまみにぴったり。そのほか味噌汁の具、おでんの種にして食べるのがおすすめ。

- ☎ 04992-7-0006
- ⏰ 8:30〜17:00
  (12:00〜13:00は休み)
- 休 年末年始
- P なし

---

**野伏／居酒屋**

### 千漁
せんりょう

地図p.73-C
野伏港から10分

式根島近海でとれた魚介を使った郷土料理を味わえる居酒屋。夏の人気メニューは、タカベせんば煮700円やシッタカ貝700円、クサヤ770円など。島ならではの味覚を楽しめるメニューがいろいろあ

---

る。訪れる際は電話予約をしておくと確実。

- ☎ 04992-7-0900
- ⏰ 11:30〜14:00、
  18:00〜22:00
- 休 5月中旬〜7月上旬、
  9月下旬〜4月中旬
- ¥ 夜2000円〜
- P あり

---

**石白川／島酒・クサヤ**

### 宮房商店
みやふさしょうてん

地図p.73-F
野伏港から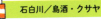20分

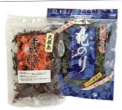

石白川海岸近くにあるみやげ店で、島のりなどの海産物や、島でしか購入できない幻の島焼酎「しきね」や「神引」が購入できる。また、釣り竿から餌まで釣り用品も豊富に置かれており、手ぶらで来ても釣り道具一式を揃えられる。気軽に釣りをしたい人はぜひ。

- ☎ 04992-7-0023
- ⏰ 8:00〜18:30
  (夏期は20:00まで)
- 休 無休(冬期は水曜午後休)
- ¥ 「しきね」1590円、「神引」1080円
- P なし

---

**石白川／食堂**

### サンバレー

地図p.73-F
野伏港から20分

石白川海岸から徒歩2分のところにある食堂。ラーメンや定食などが食べられる。名物はネギトリラーメン830円。

- ☎ 04992-7-0149
- ⏰ 9:00〜15:00
- 休 無休
- ¥ 昼700円〜
- P あり

---

**式根ヶ沢／みやげ**

### 井上土産店
いのうえみやげてん

地図p.73-F
野伏港から15分

島焼酎や軽食、つまみなども扱っている、島のコンビニエンスストアのような店。おみやげも揃う。島ならではのウツボの干物420円〜もおすすめ。

- ☎ 04992-7-0277
- ⏰ 7:30〜19:00
  (夏期は〜21:00)
- 休 無休  ¥ 378円〜
- P なし

## 泊まる

### 野伏／プチホテル
#### プチホテル ラ・メールSHIKINE
ぷちほてる ら・めーるしきね

地図p.72-B
野伏港から🚶5分

各部屋独立型で、プライベート感覚でくつろげる、通年営業のプチホテル。客室は2〜4名用の洋室4室と、4〜6名用の1室があり、それぞれに玄関・バス・トイレ・洗面付き。人気の理由の一つが夕食で、島の魚料理などが並ぶ和食、フルコースのイタリアン、庭でのバーベキュー（季節限定）の3種類から選べる。

- 📞 04992-7-0240
- 💴 (1泊2食付)1万2100円〜、繁忙期1万6000円
- ℹ️ 開業1995年／5室

### 野伏／コテージ
#### アーリーバード

地図p.73-C
野伏港から🚶20分

友人や家族だけで過ごすのにぴったりの貸し別荘。緑に囲まれた真っ白なコテージで島での滞在が楽しめる。ゆったりくつろげる室内には、バス・トイレ・キッチンのほか、エアコンやテレビ、冷蔵庫も備えてある。食事が付かない代わりに備え付けの食器や調理器具は自由に使用可能で、BBQセットのレンタルもできる。8名まで利用可能な大部屋もあり、人数が多いほどお得。営業期間は4〜9月。

- 📞 04992-7-0240（プチホテル ラ・メールSHIKINE）
- 💴 (食事なし)1万3800円〜、繁忙期は1万6200円〜
- ℹ️ 開業1986年（改装2000年）／5棟

### 野伏港／旅館
#### 菊水旅館
きくすいりょかん

地図p.72-B
野伏港から🚶3分

野伏港から坂を上がってすぐのところにあり、宿からは桟橋が見える。釣り船も所有しているため釣り客に人気の旅館。ボリューム満点の夕食は鮮度抜群の魚料理が出ることから、それを目当てに訪れるリピーターも多い。部屋は6畳の和室が中心で、窓際にはイスとテーブルが置いてあり、のんびり過ごせる。

- 📞 04992-7-0018
- 💴 (1泊2食付)通年8650円
- ℹ️ 開業1942年（改築2000年）／9室

### 野伏／民宿
#### 民宿 清水屋
みんしゅくしみずや

地図p.73-D
野伏港から🚶18分

自家製野菜と、島の海の幸を使った料理が自慢。部屋は11室あり、明るくアットホームな雰囲気。ロビーには漫画本が多数あり、コーヒーが無料サービス。自宅にいるようにリラックスできる。

- 📞 04992-7-0040
- 💴 (1泊2食付)6800円、繁忙期8000円
- ℹ️ 開業1968年（改装2003年）／11室

### 野伏／漁師の宿
#### 式根館
しきねかん

地図p.72-B
野伏港から🚶7分

オーナーが漁師の宿で、釣り船「海晃丸」を所有する。夕食は新鮮な海の幸が中心。港や海水浴場まで送迎あり。もちろん、釣り船を利用する海釣り客にもおすすめだ。

- 📞 04992-7-0007
- 💴 1泊2食付7500円〜

※2名1室利用（一人あたり）の料金を掲載

こうづしま　　　地図　　p.4

# 神津島

### エリアの魅力

絶景
★★★★

アクティビティ
★★★★

温泉
★★★

島の味覚
★★★

アクセス難易度
★★★

## 温泉・釣り・山登りとレジャーを満喫

伊豆諸島のほぼ中央に位置する神津島は面積約19㎢の小さな島。標高572mの天上山を有し、周囲約22kmの島を取り囲む海は、豊かな漁場だ。夏の海水浴シーズン以外では、海釣りも楽しめる。登山に挑戦したり、大自然を満喫する過ごし方にはことかかない。

### 神津島への行き方＆島内の交通

神津島への船はp.15参照。空路はp.16参照。神津島港（こうづしまこう）から沢尻湾（さわじりわん）～長浜海岸（ながはまかいがん）方面と空港～多幸湾（たこうわん）方面を巡回する村営バスが1日2～5便前後運行（200円）。レンタバイクやレンタカーもあるが、中心部を散策するならレンタサイクルも便利。電話でタクシーを呼ぶという方法もある。

### はじめの一歩＆過ごし方のヒント

どこの宿も予約を入れておけば港や空港まで無料送迎してくれるが、予約を入れていない場合は観光協会に相談を。

神津島港から前浜海岸の中心部に宿や商店が集中しており、この付近は徒歩でも散策できる。多幸湾や神津島温泉保養センターへは、車やバスなどが便利。また、天上山ハイキング、釣り、体験ダイビングにトライするのも神津島らしい過ごし方だ。

### 観光の問い合わせ

神津島観光協会
☎04992-8-0321
神津島村産業観光課
☎04992-8-0011

### 交通の問い合わせ

■船　舶
東海汽船（お客様センター）
☎03-5472-9999
東海汽船（神津島代理店）
☎04992-8-1111
神新汽船（下田営業所）
☎0558-22-2626

■航空機
新中央航空（調布飛行場）
☎0422-31-4191
新中央航空（神津島空港）
☎04992-8-1116

■レンタカー
神津島レンタカー
☎04992-8-0333

■タクシー
都島タクシー
☎04992-8-0147

神津島

## 見る&歩く

### 前浜海岸
まえはまかいがん

地図p.80-C
神津島港から 3分

　神津島港のすぐ南側に約1kmの白砂が続く海岸で、民宿が集中する中心部から近いこともあり、夏は大勢の海水浴客で賑わう。公衆トイレと自由に使えるシャワー（夏期のみ営業、温水シャワーは有料）も設置されているので、安心して海水浴を楽しむことができる。伊豆諸島の成立の神話をモデルにした「水配り像」もある。島の西側にあり、夕日を眺めるスポットとしても最適だ。

04992-8-0321（神津島観光協会）
＊ 見学・散策自由
あり（神津島港内利用）

## 神津島温泉保養センター
こうづしまおんせんほようせんたー

地図p.80-A
神津島港から🚌25〜30分

　沢尻湾を望む見晴らしのいい温泉施設で、屋外に岩に囲まれた大小の露天風呂と展望露天風呂がある。夕焼けに染まる海や、満天の星空を眺めながらの温泉は旅の疲れを癒してくれる。泉質はナトリウム-塩化物強塩泉で、効能は肩こり、腰痛、婦人科疾患など多数あるといわれている。屋内には男女別の温泉浴場があり、ジャグジーやサウナも完備。ぬるめの浴槽もあり、ゆっくり入浴できる。

📞 04992-8-1376
神津島港発着の村営バスが運行(夏期は増便)。
🚏 温泉前から🚌すぐ
🕙 10:00〜入館20:00
🈔 水曜(GW、7〜9月、年末年始は無休)
💴 入湯料800円
🅿 あり

## 天上山
てんじょうさん

地図p.80-B
神津島港から🚌1時間30分

　島を代表するハイキング・トレッキングスポット。神津島のほぼ中央に位置し、標高は572m。白島登山道と黒島登山道の2つのハイキングコースがあり、山頂を周遊すると約10km。途中まで車で行くことも可能で、駐車場から山頂までは徒歩約1時間なので、初心者にも挑戦しやすい。全行程は徒歩約5時間。山頂から眺める360度の大パノラマは雄大だ。天上山は昔から島の神聖な場所とされ、今は国立公園の特別保護地区に指定されているため植物の採集は禁止。ハイキングのベストシーズンは春と秋。5月下旬頃にはオオシマツツジの花が見頃を迎える。歩きやすい靴を忘れずに。

📞 04992-8-0321(神津島観光協会)
＊ 見学・散策自由

神津島

### 買う&食べる

**神津島港／そば**

### まいとりぃ

地図p.80-C
神津島港から🚌3分

　島ならではのそばを味わえる店で、ご主人のおすすめは、あしたばそば、ケシきり、せいろの3種の味が楽しめる三色そば1200円。見た目も鮮やかで、口に運ぶとあしたばの香り、ケシの実の香ばしさが広がる。そのほか、すりたてのトロロで味わう山かけそば1200円、鴨南蛮1500円なども人気。器はすべて店主自ら作っており、店ではビアジョッキ1800円なども販売している。

📞 04992-8-1123
🕙 11:30〜13:30(夏期は11:00〜13:30)
🈔 日曜(夏期は無休)
💴 昼800円〜　🅿 なし

### 神津島港／みやげ
## 丸金商店
まるきんしょうてん

地図p.80-C
神津島港から🚶15分

　鮮魚や自家製クサヤ、塩辛の直売店。伊豆諸島近海で獲れる、厚みがあってやわらかいアカイカのほか、スルメイカを素材にした「まぼろしの赤イカ手づくり塩辛」がおいしいと評判。添加物や保存料を一切使用せず、大島の天然塩で仕上げる。180g850円。

☎04992-8-0048
🕗7:30〜18:00(夏期は7:00〜19:00)
休水曜
Pなし

### 神津島港／みやげ
## よっちゃーれセンター

地図p.80-C
神津島港から🚶5分

　神津島村直営の海産物販売センター。島近海で行う定置網漁などで捕れる、新鮮な魚を使った水産加工品をメインに販売。人気の干物はトビウオ、ムロアジ各250円〜、イサキ400円〜、キンメダイ1500円〜。2階は海鮮レストランになっている。

☎04992-8-1342
🕗9:00〜17:00(10月〜3月は16:00まで。レストランは11:00〜14:00)
休火曜(7月下旬〜8月下旬は無休) Pあり

### 神津島港／寿司
## 美家古寿し
みやこすし

地図p.80-C
神津島港から🚶5分

　タカベ、カンパチ、オナガダイなど、旬の地モノが味わえる寿司屋。地魚丼2000円、島寿司2500円。島寿司を予約すれば、明日葉の天ぷらもしくは自家製酒のサービスも。

☎04992-8-0602
🕗11:30〜13:30 18:00〜21:00(夏期は変更あり)
休不定休(夏期は無休)
¥2500円〜 Pあり

## 泊まる

### 神津島港／ホテル
## ホテル神津館
ほてるこうづかん

地図p.80-C
神津島港から🚶15分

　高台にある白い外観の4階建てのホテルで、和室9室と洋室7室と部屋数が多い。客室は清潔に保たれすがすがしく、快適に滞在できる。バス・トイレ付きの部屋もあり、全室オーシャンビューなのがうれしい。

☎04992-8-1321
¥(1泊2食付)1万800円〜、繁忙期1万2960円〜
開業1989年(改装2009年)／16室

### 神津島港／旅館
## 山下別館
やましたべっかん

地図p.80-C
神津島港から🚶8分

　島では老舗として知られる山下旅館の別館で、神津島では唯一の温泉宿。婦人科疾患に効能があるといわれている温泉は、宿泊客以外でも利用できる(600円)。客室は12畳が中心で和室と洋室がある。バス・トイレ付は1万2960円〜。旬の魚や自家野菜を使った夕食も好評。舟盛りの特注もできる。

☎04992-8-0131
¥(1泊2食付)9720円〜
開業1965年(改装2005年)／14室

※宿泊施設は2名1室利用(一人あたり)の料金を掲載

みやけじま　地図　p.4

# 三宅島

## "地球"がむき出しの火山島

　三宅島は東京都心から南に約180kmの太平洋上にある。青い海と緑の大地、季節ごとに咲く花々の色彩が美しい。島は「バードアイランド」と呼ばれるほど野鳥の種類が豊富だ。時折、白い噴煙を立ち上げる雄山を見上げると、火山が生きていることが実感できる。

### 三宅島への行き方・島内の交通

　船利用の場合はp.15参照、航空機・ヘリコプター利用の場合はp.16-17参照。島内の交通は、島を一周する村営バス、タクシー、レンタカー、レンタバイク、レンタサイクルがある。村営バスには右回り、左回りとがあり1日各5便、一周は約1時間30分950円。お得なフリー乗車券（2日券1000円、3日券1500円）もある。レンタカーは島内に2軒あり、軽乗用車で24時間6000円前後。

### はじめの一歩・入島時の注意

　大型客船が到着する早朝に、開いている店や施設はない。宿の予約時に、港への迎えと朝休憩・朝食の有無を確認しておこう。レンタカー利用の場合はレンタカー会社が迎えに来てくれる。
　三宅島は周囲を流れる黒潮の影響により、温暖多雨な海洋性気候で、夏は涼しく、冬は比較的暖かいのが特徴だ。

---

**エリアの魅力**

絶景
★★★★

アクティビティ
★★★★

温泉
★★

島の味覚
★★★

アクセス難易度
★★★

**観光の問い合わせ**

三宅島観光協会
☎04994-5-1144

**交通の問い合わせ**

東海汽船（お客様センター）
☎03-5472-9999
新中央航空（調布飛行場）
☎0422-31-4191
新中央航空（三宅島空港）
☎04994-6-0006
東邦航空
☎04996-2-5200
■村営バス
三宅村観光産業係
☎04994-5-0908
■レンタカー
コスモレンタカー
☎04994-6-1252
三宅島交通（タクシーもあり）
☎04994-2-0291
■タクシー
宮原タクシー
☎04994-5-1666
三栄タクシー
☎04994-5-0511
さくまタクシー
☎04994-8-5900
■レンタバイク
朝信レンタバイク
☎04994-5-0516
■レンタサイクル
三宅島観光協会
☎04994-5-1144

> 迫力ある自然が魅力！

貴重な野鳥からイルカまで

# 山と海を満喫

火山島景観を生かしたアクティビティが盛んな三宅島。噴火跡など力強い自然が体感できる。それらの景観や生態系は貴重なため、自然公園法によって保護されている。バードウォッチングやダイビングなど、充実したプログラムを楽しもう。

## イルカウォッチング＆スイミング

島から船で約40分で、隣の御蔵島周辺のスポットに到着（p.90参照）。御蔵島にくらべ、宿が多い三宅島は、ドルフィンスイム拠点の穴場。ショップも多数ある。実施期間は毎年3月中旬〜11月中旬。

☎04994-5-1144（三宅島観光協会）

## ダイビング

黒潮の影響で熱帯性の魚や大型回遊魚、ウミガメ、サンゴの群生が見られる。海中アーチやドロップオフなど変化に富んだ水中景観は火山島ならでは。ダイビングショップは数軒あり、初心者メニューもある。

☎04994-5-1144（三宅島観光協会）

## 三宅島自然ふれあいセンター・アカコッコ館
みやけじましぜんふれあいせんたー・あかこっこかん

地図p.85-D
🚶大路池から🚌3分

村営自然観察施設。島の自然に関する資料の展示や、野鳥の観察スペースがある。日本野鳥の会のレンジャーが常駐し、アドバイスも受けられる。

🚶大路池から🚌3分　☎04994-6-0410
🕘9:00〜16:30　休月曜（祝日の場合翌日）
¥入館200円　Pあり

## ふるさとの湯
ふるさとのゆ

地図p.85-C
🚶二島から🚌5分

島に湧出する温泉を利用した入浴施設。露天風呂からは沖に浮かぶ大野原島三本岳と海が眺められる。海に沈む夕日を見ながら入る温泉の気持ちよさは格別。

🚶二島から🚌3分　☎04994-5-0426
🕘11:00〜21:00（10〜3月は20:00まで）
休水曜（夏期無休）　¥入湯料500円　Pあり

## 島内体験プログラム

三宅島ネイチャーツアーmahana(地図p.85-B)では、島の自然や文化に触れられる体験プログラムを用意している。(要予約)。

**「ガイドにおまかせ」**

約20年周期で繰り返す三宅島の火山のガイドを中心にガイドおすすめのコースを回る。約3〜4時間／通年／4000円 ※1日コースもあり

**「長太郎池フィッシュウォッチング」**

島南部にあるタイドプール、長太郎池(p.86参照)で海の生物を観察。約2時間／7〜9月／4500円(3点セットレンタル代込)

☎ 04994-2-1433(mahana)

↑大路池近くにある迷子椎(じい)
→埋没した阿古の学校

## 溶岩原で開催されるイベント

島の南西に広がる溶岩原では、毎年11月上旬、溶岩の上をコースに含むバイクレース「WERIDE三宅島エンデューロレース」が開催される。本土では見られないエキサイティングなレースが話題だ。

## 見る&歩く

### メガネ岩
めがねいわ

地図p.85-C
🚏二島から🚶10分

1643（寛永20）年の噴火で流れた溶岩が波で浸食されてできた奇岩。かつてはメガネ状だったが、1959（昭和34）年の台風の際に片方が崩れ、現在は残ったアーチの景観となっている。遠方に大野原島（通称・三本岳）が望め、夕陽の撮影に人気のスポットだ。

📞 04994-5-1144（三宅島観光協会）
＊見学自由
🅿なし

### 火山体験遊歩道
かざんたいけんゆうほどう

地図p.85-C
🚏夕景浜から🚶5分

1983（昭和58）年の噴火で埋没した阿古小・中学校跡を噴火当時の状態で見ることができる。遊歩道から広範囲に及ぶ溶岩流出のすさまじさを体感でき、火山と共存する三宅島の〝日常〟に触れることができる。

📞 04994-5-1144（三宅島観光協会）
＊見学自由
🅿あり

### 長太郎池
ちょうたろういけ

地図p.85-D
🚏農林合同庁舎から🚶10分

岩に囲まれた天然のタイドプール。50mほどの大きさで、島を代表する自然観察スポットのひとつ。チョウチョウウオやスズメダイの仲間、サンゴなどが生息。干潮前後はシュノーケリングでフィッシュウォッチングが楽しめる。干潮時間などアカコッコ館（p.84）で問い合わせに応じてくれる。

📞 04994-6-0410（アカコッコ館）
＊見学自由
🅿あり

### 大路池
たいろいけ

地図p.85-D
🚏大路池から🚶10分

周囲約2km、水深30mの伊豆諸島最大の淡水湖。約2000年前の火山爆発でできた火口跡で、神秘的な雰囲気が漂う。付近には昔ながらの照葉樹林が残っており、アカコッコなどの野鳥観察やトレッキングに最適。大路池入口にはアカコッコ館（p.84）がある。

📞 04994-6-0410（アカコッコ館）
＊北側桟橋付近にトイレあり
　見学自由

## 買う&食べる

### 神着／大衆割烹
### さぶちゃん

地図p.85-B
土佐から🚶3分

　神着にある大衆割烹の店。かつてホテルでも料理長を勤めた店主の料理は、さすがプロの味と島民の信頼も厚い。地魚の刺身など各種定食1000円〜。天丼1100円。

📞 04994-2-0207
🕐 11:30〜13:00、17:30〜21:00
休 日曜
💴 昼850円〜　夜850円〜
🅿 あり

### 阿古／カフェ
### CAFE 691
かふぇ ろくきゅういち

地図p.85-C
阿古港から🚶5分

　三宅島へUターンした店主が商店を改装してオープン。カウンターからは海が見え、運が良ければ虹が出ること も。人気はキャラメルラテ460円。クジラの骨の手作りアクセサリーや、オリジナルグッズの販売もある。店内のボルダリングウォールでクライミングにも挑戦できる。

📞 04994-5-0012
🕐 10:00〜18:00
休 水曜
💴 350円〜
🅿 あり

### 神着／酒・おみやげ
### 三宅島酒造
みやけじましゅぞう

地図p.85-B
三ノ輪より🚶すぐ

　2008（平成20）年に復活した三宅島の本格麦焼酎「雄山一（おやまいち）」700ml入り1296円を製造。島の特産品とセットで販売（3328円〜各種あり）も。

📞 04994-2-1391
🕐 9:00〜16:30
休 水曜
💴 雄山一1260円　🅿 あり

## 泊まる

### 阿古／ホテル ⭐
### ホテル海楽
ほてるかいらく

地図p.85-C
阿古港から🚶3分

　阿古港近くのホテル。宿泊者以外も利用出来る大浴場やレストランを併設。

📞 04994-5-0131
💴（1泊2食付）8800円〜

### 阿古／旅館 ⭐
### やまのべ旅館
やまのべりょかん

地図p.85-C
富賀神社前から🚶5分

　囲炉裏を囲って御赦免料理や釜めしなどが味わえる古民家宿。喫茶店も併設。

📞 04994-5-0317
💴（1泊2食付）8500円〜

三宅島

| 宿泊ガイド | |
|---|---|
| スナッパー | 📞04994-2-1433／📍地図p.85-B／💴（1泊2食付）6800円〜<br>●自然に囲まれ、ダイバーやバードウォッチャーに人気。 |
| オレンジハウス・バロン | 📞04994-2-0838／📍地図p.85-B／💴（1泊2食付）1万円<br>●趣のある家具付きの和洋室と海を望む風呂が自慢。 |

※宿泊施設は2名1室（一人あたり）の料金を掲載

みくらしま　地図　p.4

# 御蔵島

### エリアの魅力

絶景
★★★
アクティビティ
★★★★★
温泉
なし
島の味覚
★
アクセス難易度
★★★★

### 観光の問い合わせ

御蔵島観光協会
☎04994-8-2022

### 交通の問い合わせ

■船舶
東海汽船
（お客様センター）
☎03-5472-9999
御蔵島港客船待合所
☎04994-8-2220

■航空機・ヘリコプター
全日空（ANA）
☎0570-029-222
東邦航空
☎04996-2-5200

## イルカに出会える自然豊かな島

　黒潮の中に浮かぶ御蔵島は、東京から約200km、三宅島の南方約18kmに位置し、周囲約16kmの小さな島だ。ミナミハンドウイルカのウォッチング＆ドルフィンスイム、山歩きなど自然の中でアクティビティが楽しめる。イルカシーズンは宿がすぐに満室になってしまうので要注意。早めに計画を立て予約を入れておこう。

### 御蔵島への行き方

■**船舶利用の場合**
　東京・竹芝桟橋から、東海汽船の八丈島行き大型客船・橘丸が、毎日御蔵島を経由する。海況次第で御蔵島に着岸できずに八丈島へ直行することもあり、その場合はいったん八丈島で下船し、八丈島空港から東邦航空のヘリコプター（料金下記参照）を利用してもいい。また八丈島からの折り返しの便で着岸できることもあるので船のスタッフに聞いてみよう。

■**ヘリコプター利用の場合**
　八丈島や三宅島から東邦航空のヘリコプター「東京愛らんどシャトル」が運航。八丈島から1日1便、所要時間25分、1万2570円。三宅島から1日1便、所要時間10分、5770円。搭乗手続きは出発30分前までに済ませること。東京・羽田空港から八丈島または三宅島まで航空機を利用し、各島でヘリコプターに乗り継ぐこともできる。

### 御蔵島の本

島周辺に生息するイルカ約140頭のうち、識別がしやすい54頭を精巧なイラストと美しい写真で紹介した「いるかいないか」1620円。バラバラ漫画を散りばめてあり楽しみながら読める。特典DVD付き。観光協会のほか島内の民宿や商店で販売。

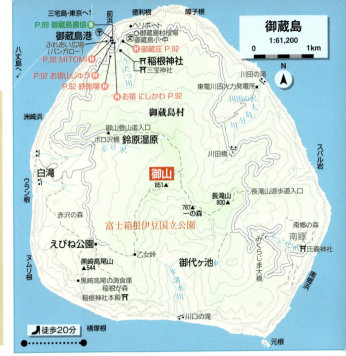

### おみやげ

**御蔵島農協**

島の特産ツゲを使った木工品、湧き水を低温殺菌した「御蔵の源水」2ℓ200円、0.5ℓ125円を販売。サンダル「ギョサン」700円〜なども扱っている。

♪04994-8-2212／⏰8:00〜17:00／㊡土・日曜・祝日／地図p.89

## POINT

### はじめの一歩

事前に宿の予約をしておかないと入島できないので注意。どこの宿も予約を入れておけば、港まで無料送迎してくれる。港・ヘリポートには観光案内所はない。島にはバスやタクシーはないので徒歩で移動する。

## HINT

### 過ごし方のヒント

深い森に覆われ、「水と緑の島」と呼ばれている自然が豊かな島。海ではドルフィンスイムなど、自然と一体となって楽しめる。また島内には幹の周囲が5m以上もある樹木が多く、遊歩道も整備されている。ほとんどの遊歩道は立ち入りにガイドの同行が義務づけられている。問い合わせは御蔵島観光協会（p.88欄外参照）へ。

### TEKU TEKU COLUMN

**昼食とお金についての注意点**

島には昼に営業している食堂が2軒しかなく昼食は宿泊先に前もって弁当を頼んでおくといい。また、島内にある金融機関は郵便局のみ。（ATMあり）クレジットカード使用可能店は、ふくまる商店（土産、軽食）1軒のみ。現金は千円札と小銭を多めに用意しておくと安心。

イルカと泳ごう！

# ドルフィンスイムに挑戦

御蔵島は、野生のイルカが間近に見られる島だ。桟橋や高台からも姿を見られる。昔から島の周辺海域に生息し、「海岸の玉石のような」自然の一部になっている。

## イルカを間近で見れる御蔵島

　1994（平成6）年から続けられているイルカの生態調査によると、現在、島の周辺海域には少なくとも120頭前後のミナミバンドウイルカが生息、定住しているとみられている。さらに、ウォッチングをしてみると、親子連れをよく見かけること、2008（平成20）年に個体を識別したオトナのメス30頭のうち25頭が子連れだったことなどから、この海域で彼らは繁殖や子育てを頻繁に行っていることがわかる。

　なぜ、イルカはこの海域を繁殖・子育ての場に選んだのか、その理由について確かなことはまだわかっていないが、手がかりとしては、充分な餌があること、サメやシャチなど外敵に襲われる心配が少ないことなどが挙げられるそうだ。

　御蔵島のようにイルカが島（陸地）にごく近い浅瀬に生息、定住している例は珍しい。これからもこの海域でイルカが棲み続けられるように、ドルフィンスイム、ドルフィンウォッチングに参加の際は注意点を守って楽しんでほしい。

　ドルフィン・スイムはある程度泳げれば誰でも挑戦できる。ただ、前もってシュノーケリングはマスターしておきたい。

### ドルフィン・スイムの流れ

●準備する

　ツアー参加当日は宿泊先へ迎えに来てくれるショップが多い。朝8時頃に迎えの車で宿を出発、約5分で港へ。イルカと一緒に泳ぐ人はウェットスーツを着用し、船に乗り込む。ウェットスーツやベスト、フィ

親子のイルカ。母イルカはサメのような三角の背ビレが特徴で、「サンカク」と名づけられた

若いオス同士が交尾のまねをしているところ。御蔵では絡み合いと呼んでいる

ンなどはショップからレンタルすることも可能。

ポイントに着く前に船長から注意点などの説明があるので、しっかり聞いておこう。

●船でポイントへ

イルカ・ウォッチング船は、なるべく多くのイルカと出合えるよう、可能な限り島の周囲を一周してくれる。出発して20〜30分ほどで海面にいくつもの背ビレを発見できる。イルカの習性を知っている船長が、回り込むように船をポイントへまで移動してくれる。

●ポイントに辿り着いたら

一緒に泳ぐ人は3点セット（シュノーケル、水中マスク、フィン）を素早く装備し、船長の指示に従って海に入る。この際、イルカを驚かせてしまわないよう、なるべく静かに海に入ることを心がけよう。ただし、イルカが近づいてくれるかどうかは彼らの気分次第。イルカが去ってしまったら、海から上がり、再び船に乗って別のポイントへ移動する。

### ドルフィン・スイム参加の際の注意

- ●イルカの自然な行動を妨げない
- ●イルカの行動をよく観察しよう
- ●イルカに触らない、触ろうとしない
- ●イルカに餌を与えない
- ●スキューバダイビングで接近しない
- ●水中スクーター、ホイッスルなど人工音は禁止
- ●船から100m以上離れない

### ドルフィンスイムDATA

実施期間…3月中旬〜11月中旬
予約方法…宿泊予約（入島時必須）時に伝えれば宿で手配してくれる。
所要時間…1回2〜3時間　7000円〜
レンタル機材…ウエットスーツ1500円〜、3点セット（シュノーケル、フィン、水中マスク）1500円
※数に限りがあるので、上記の機材は基本的には各自用意する。レンタル希望の場合は予約時に申し込む。船には身体につけるウエイト（重り）も用意されている。

**イルカウォッチング・イルカの生態や保護に関する問い合わせ先**
御蔵島観光協会☎04994-8-2022
http://mikura-isle.com/

ドルフィンスイムに挑戦

イルカ同士が胸ビレを触れあわせている。上のイルカは、しゃくれから「コシャクレ」と呼ばれている

背ビレの前側が大きく欠けているため「マエカケ」と名付けられたメスのイルカ

## 泊まる

### 民宿
### お宿 山じゅう
おやどやまじゅう

地図P.89
御蔵島港から🚶10分。ヘリポートから🚶5分

全和室5部屋。wifi完備。食事はアシタバなど、島の食材を使った和食が中心。朝食では宿で育てている鶏の採れたて新鮮な卵が食べられる。事前予約でお昼のお弁当を頼むことも可能。ドルフィンスイムツアーは宿で予約ができる。

- 📞 04994-8-2525
- 💴 (1泊2食付) 7600円〜
- ℹ️ 開業2014年／5室
- 🅿️ なし

### ゲストハウス
### MITOMI
みとみ

地図p.89
御蔵島港から🚶10分、ヘリポートから🚶5分

第7三人海丸の船長とガイドである夫妻が営む小さなゲストハウス。ドルフィンスイムを中心にツアーを実施している。宿の建物は新しく清潔感のある一軒家。素泊まりなので料金はリーズナブル。食事は共用のキッチンで備え付けの調理器具、調味料を使って自炊ができる。客室は3部屋しかないので早めの予約を。

- 📞 04994-8-2273
- 💴 素泊まり4500円
- ℹ️ 開業2012年／3室
- 🅿️ なし

### 民宿
### お宿 にしかわ
おやどにしかわ

地図p.89
御蔵島港から🚶10分、ヘリポートから🚶5分

島の自然や文化にふれたい、暮らしに興味があるという人に最適の宿。40年以上前のビデオや新旧の雑誌など、御蔵島に関する興味深い資料が揃えてあり、海の見える居間で自由に閲覧できる。

新鮮な魚を使った郷土料理も好評で、リピーターが多い。近くで商店も経営しているので買い出しに便利。船が出航する前にはおにぎりを持たせてくれるなどの気づかいも嬉しい。

- 📞 04994-8-2106
- 💴 1泊2食付・8640円〜
- ℹ️ 開業1997年／3室
- 🅿️ なし

### 村営宿泊施設
### 御蔵荘
みくらそう

地図p.89
御蔵島港から🚶12分、ヘリポートから🚶3分

村営の「自然体験観光交流促進施設」。料理は魚を使ったものが中心。部屋の窓からは海が眺められ、ロケーションもよく気持ちがいい。

- 📞 04994-8-2555
- 💴 1泊2食付・和室9800円、洋室1万800円
- ℹ️ 開業2001年／9室
- 🅿️ なし

### 民宿
### 鉄砲場
てっぽうば

地図p.89
御蔵島港から🚶15分、ヘリポートから🚶8分

主人はイルカウォッチング船の船長も務める。イルカウォッチングとトレッキングを組み合わせた、オリジナルのツアーも人気だ。

- 📞 04994-8-2209
- 💴 1泊2食付・7750円
- ℹ️ 開業1998年／4室
- 🅿️ なし

※2名1室利用（一人あたり）の料金を掲載

八丈島
青ヶ島

はちじょうじま　　地図　　p.4

# 八丈島

### エリアの魅力

絶景
★★★★

アクティビティ
★★★★

温泉
★★★★★

島の味覚
★★★★

アクセス難易度
★★

**黒潮と二つの火山が創り出した風光明媚な島**

　東京から約287km、年間平均気温18.1度の南の楽園。青い空と海に囲まれ、西に八丈富士、東に三原山を仰ぐ、ひょうたん型の島は大島に次いで伊豆諸島で2番目に大きい。黒潮が流れる島の周囲は岩場が多く、はるか昔に海へ流れた溶岩が海底棚やアーチを造る。ハイキングや潮だまりで遊んだりと、さまざまな楽しみ方がある。

### 観光の問い合わせ

八丈町産業観光課
☎04996-2-1125
八丈島観光協会
☎04996-2-1377
八丈島観光協会空港案内所
☎04996-2-2882

 HINT

## 八丈島への行き方

### 交通の問い合わせ

■船舶
東海汽船
（お客様センター）
☎03-5472-9999
東海汽船（八丈島代理店）
☎04996-2-1211

■航空機・ヘリコプター
全日空（ANA）
☎0570-029-222
東邦航空
☎04996-2-5200

■航空機利用の場合

　羽田⇔八丈島の航空便は、天候次第で欠航率が高いのが難点。最終便欠航の場合は、翌日の最初の便にするか、2番目にするか、キャンセルするかは希望できる。その場合のキャンセル料は不要。

　航空運賃は時期によって大きく異なるため、予約時に確認しておくといい。また往復で購入することで割引になる場合もある。

## 島内の交通

### ■路線バス
八丈島の島内バスは「坂上行き」「坂下行き」「循環路線」の3路線が運行している。
- **坂上行き**…神湊から町役場、樫立、中之郷を経由し、末吉までを結ぶ。1日6便。♀神湊～♀末吉まで所要時間45分、540円。
- **坂下行き**…坂上行きとは逆方向に運行。末吉から中之郷、樫立、町役場を経由し、神湊までを結ぶ。1日6便。♀末吉～♀神湊まで所要時間45分、540円。
- **循環路線**…旧町役場を起点に空港や三根など島内中心部を循環する路線。1日6便。そのうち3便は、八重根港周辺を経由して運行する。また、便によっては停まらないバス停もあるので、乗車時に確認を。

### ■タクシー、観光タクシー
観光タクシーは特にコースは定められていない。タクシーは中型車初乗り2kmまで680円。観光タクシーは各社により運賃が異なるため、予約時に確認するのが無難。

### ■レンタカー
温泉めぐりをする場合など、行動範囲が広がるので移動手段として便利。料金例は普通自動車5人乗りで、6時間6000円～、8時間6500円～、24時間7000円～など。夏季料金あり。また軽自動車は普通車より割安で人気が高い。電気自動車を貸し出している業者もある。レンタカーを扱う店は7店舗あり、ほとんど最寄りまで送迎してくれる。

### ■レンタサイクル・レンタバイク
八丈富士や温泉方面は起伏の多いルートのため、電動アシスト自転車があると便利だ。HJPレンタカーと赤松自動車では電動アシスト自転車が利用可能。街中や海沿いを走る場合は電動アシストなしでも問題ないので、目的地に合わせてうまく活用したい。モービルレンタカーと赤松自動車ではバイクのレンタルもあり。

## はじめの一歩

あらかじめ宿泊施設に予約をしてある場合は、ほとんどの宿で空港や港まで無料送迎してくれる（予約時に送迎有無の確認を）。船の場合、宿では底土港か八重根港、どちらの港に到着するか、当日船会社に確認してから出迎えてくれるところが多いので、どちらに到着しても安心。空港からの移動は、島内バスが連絡していないのでタクシー利用となる。底土港は7月21日～8月31日のみ島内バスが運行。その他はタクシー利用となる。事前にレンタカーを予約していれば、空港または港まで配送してくれる。

---

### ■路線バス
八丈町企業課運輸係
☎04996-2-1126

### ■レンタカー
舟山レンタカー
☎04996-2-3166
モービルレンタカー
☎04996-2-0148
フリーダムレンタカー
☎04996-2-3711
HJPレンタカー
☎04996-2-5651
カーセンター八丈
☎04996-2-3399
88レンタカー
☎04996-9-5435
ENEOS八丈給油所
☎04996-2-2006

### ■レンタサイクル
赤松自動車
☎04996-2-1131
HJPレンタカー
☎04996-2-5651
モービルレンタカー
（八丈島）
☎04996-2-0148

### ■タクシー
愛光観光
☎04996-2-0392

八丈島

## まわる順・過ごし方のヒント

　島は三根・大賀郷の坂下を中心に、樫立・中之郷・末吉の坂上と永郷地区に大きく分けられるが、クルマで島を一周しても2時間程度。年間を通してマリンスポーツやハイキングが楽しめる。温泉は島の南側に集中している。

### 宿泊するなら

　観光協会加盟のホテルは4軒、民宿・ペンションは合わせて42軒あり、ほとんどが三根と大賀郷に集中している。島料理を堪能したい場合は2食付きの宿に宿泊するのがおすすめ。島内の飲食店で食事を楽しみたい人には素泊まりの宿もある。

### 食事をするなら

　三根地区や大賀郷地区に比較的多く飲食店が点在。レストランやおしゃれなカフェ、中華料理店など、さまざまなジャンルの店が揃う。食事のみの店やカフェは夜8時ごろには閉店するところが多

い。時間が遅い場合は居酒屋へ行ってみよう。ほとんどの店で食事ができる。最新の店舗一覧は観光協会の「ガイドマップ」をチェックしよう。予約制の店もあるので事前に確認を。

### ハイキングをするなら

　島内観光案内所で配布している、「ハイキングマップ」を手に入れよう。八丈富士や三原山山頂、唐滝・硫黄沼の3つのハイキングコースをポイントとともに紹介している。事前に計画を立

てたい場合は八丈島観光協会のホームページからマップをダウンロードできる。

### おみやげを買うなら

　三根地区の民芸あき（p.103参照）か、空港の売店で。空港の売店では島酒メーカー4社の製品が揃い、島のおみやげのほとんどがここで手に入る。底土港・八重根港には売店がないので注意を。

**帰り方のヒント**

　送迎を行っている宿では、港や空港まで送ってくれる。送迎をしていない場合は、交通手段をあらかじめ確認しておこう。レンタカー利用の場合は、返却後港や空港まで送迎してくれる場合もあるが、別途料金がかかることもあるので要確認。

**荷物やおみやげを送るなら**

　郵便局で「ゆうパック」を利用しよう。島内には三根、大賀郷、樫立、中ノ郷、末吉に計6つの郵便局、簡易郵便局がある。三根地区にはクロネコヤマトの営業所もあるので、そちらも利用可能。

## ●メインエリア早分かりMAP

### 三根地区（p.100参照）

玄関口といえるエリア。飲食店やショップも点在しているので、食事や買い物はこの辺りでしょう。港近くの底土海水浴場は夏場の八丈島で最もにぎわいを見せる海水浴場。

底土港があり、島の

### 永郷地区

八丈富士の北西側で、アロエ園やダイビングスポットが多く点在。冬はアロエの花が開花し、大越鼻灯台の白と海の青が美しい。大越鼻展望台からは八丈小島の眺めもよく、

天気が良ければ御蔵島や三宅島も遠望できる。

### 大賀郷地区（p.100参照）

八丈町役場を中心に、空港や八重根港があるエリア。八丈植物公園や歴史民俗資料館、ふるさと村など、見どころは尽きない。また、関ヶ原の戦いで敗れた後、八丈島へ配流となった武将・宇喜多秀家の墓所も大賀郷にある。

### 末吉地区（p.112参照）

「八丈八景」のひとつにも選ばれている名古の展望は、高台から眺める洞輪沢港が印象的。また末吉温泉みはらしの湯は開放感のあるロケーションがいい。ほかには島で唯一のサーフスポットである汐間海岸もある。

### 樫立・中之郷地区（p.112参照）

八丈服部屋敷、ふれあいの湯があるエリア。三原山へのハイキングの拠点となる。中之郷地区には裏見ヶ滝温泉などの温泉が多く、商店や飲食店が点在。黄八丈染元もあり、庭先に糸を干している光景も見られる。

八丈島

---

### TEKU TEKU COLUMN

**ここにも立ち寄りたい！**

●ふれあい牧場

八丈富士の中腹にひろがる牧場で、市街地が見渡せ絶好のロケーション。放牧されている牛を間近で見られる。
地図p.94-E
☎04996-2-1125
（八丈町産業観光課）

●玉石垣

島内には大里地区を中心に、丸い石が積み上げられてできた石垣が見られる。かつて流人たちが前崎ヶ浜や横間ヶ浦から運び込み、積みだものが保存されている。丸石が整然と並んでいる様は見事だ。

みつね・おおかごう　地図 p.94-95

# 三根・大賀郷

## 歴史に触れたりグルメを堪能

八丈富士と三原山が重なる山麓に広がるエリア。底土港がある三根地区は、書店や食料品店、飲食店、みやげもの店が点在。大賀郷地区は空港や役場、八重根港、景色のよい南原千畳岩海岸などがある。

見る&歩く

### 都立八丈植物公園
とりつはちじょうしょくぶつこうえん

地図p.102-E
空港から🚗5分、底土港から🚗10分
🚏町役場前から👟20分

約22ヘクタールの園内は、8つのテーマに分けられており、体力に合わせたコースを散策できる。温室もあり、パパイヤなどの果樹類やハイビスカスなどの花木類など、熱帯・亜熱帯性植物を中心に約100種類以上の植物を展示。鮮やかな植物がまぶしい。園内にある八丈ビジターセンターでは年間を通じ発光キノコの展示を行っている。発光の状態により展示していないこともある。土・日曜・祝日の10時30分からは、園内のガイドウォークを実施。また、季節ごとに特別プログラムを開催しているので問い合わせてみよう。園内ではアカコッコやトラツグミなどの鳥に出会えることも。

📞04996-2-4811(八丈ビジターセンター)
🕘入園自由。ビジターセンターは9:00〜16:45、温室は9:00〜16:30
🚫無休　💴入園・入館無料　🅿️あり

### 八丈島歴史民俗資料館
はちじょうじまれきしみんぞくしりょうかん

地図p.102-E
空港から🚗10分、底土港から🚗20分
🚏歴史民俗資料館から👟1分

旧八丈支庁舎を利用。9つのテーマでかつての島の人々の生活を紹介。流人コーナーでは、八丈島の流刑史が絵と写真で見られる。また館内敷地には、倉庫として使われていた高倉を移築。柱の根元についているネズミ返しが特徴的。

📞04996-2-3105
🕘9:00〜16:30
🚫無休　💴入館360円　🅿️あり

### 宇喜多秀家の墓
うきたひでいえのはか

地図p.102-E
空港から🚗5分、👟20分
🚏大脇前より👟3分

豊臣五大老の一人だった宇喜多秀家は関ヶ原の戦いで敗れ、八丈島の流人第一号になる。その後50年間を八丈島で過ごし、死後186年経った1841(天保12)年に五輪塔の墓が建てられた。

📞04996-2-7071(八丈町教育委員会)
＊見学自由

## 八丈島甘藷由来碑
はちじょうじまかんしょゆらいひ

地図p.102-E
🚶 歴史民俗資料館から🚶8分

　1811(文化8)年、大賀郷名主の菊地秀右衛門が新島から持参した赤サツマイモ種を作り、島に広めたのを記念した碑。その後、秀右衛門の息子小源太もハンス種を持ち込み、サツマイモの普及を図った。菊地家の墓地がある一角に苔むした石碑がある。

📞 04996-2-1125(八丈町産業観光課)
＊見学自由

**POINT**  てくナビ／歴史民俗資料館脇からふるさと村へ抜ける、江戸時代の街道の面影が残る馬路を進んだ先にある。

## ふるさと村
ふるさとむら

地図p.102-E
空港から🚗8分、底土港から🚗10分
🚶 大里から🚶3分

　昔の住居を修復して公開。マダミが植えられ、玉石垣に囲まれた門を入ると閑所(便所)、マヤ(牛小屋)、高倉が母屋を囲むように配され、屋根は茅葺き。母屋は本土に比べて床が高く、エンノマ、外の間、内の間などがある八丈島独特の伝統的な建築様式だ。

📞 04996-2-1125(八丈町産業観光課)
＊見学自由

**POINT**  てくナビ／ビロウやソテツ、玉石垣が続く南国の香りが漂う道の先にある。

## 南原千畳岩海岸
なんばらせんじょういわかいがん

地図p.102-A
空港から🚗8分、底土港から🚗13分
🚶 八重根から🚶20分

　八丈富士が噴火したときに、溶岩流が海に張り出し黒く固まった岩場の海岸。右手に八丈小島を望み、季節によっては小島に沈む美しい夕日が見られる。夜は星空のウォッチングに最適なポイントで、観光協会では星見用の双眼鏡のレンタルも可(有料)。

📞 04996-2-1125(八丈島産業観光課)
＊見学・散策自由

**TEKU TEKU COLUMN**

### ひょうたん形が見える登龍峠
のぼりょうとうげ

　末吉と三根間の都道を登龍道路と呼び、その最高部が**登龍峠**。晴天時には遠くに三宅島や御蔵島を望める。眼前には八丈富士と八丈小島が、眼下には三根市街が見え、島の全体像が分かる展望台(地図p.95-C。🅿あり)。昔、三根から末吉に行く時は、「天に登る龍」のような急坂を越えたのが名の由来。

八丈島

## 買う&食べる

### 三根／クサヤ
#### 丸十水産
まるじゅうすいさん

地図p.103-C
倉の坂から🚶1分

トビウオやムロアジ、カワハギ、イカなどさまざまな素材を使ったクサヤの老舗。加工場が店舗になっていて製造から販売まで行う。クサヤ液

独特の匂いが体験できるのも加工場ならでは。旬の海産物を使用するため、珍しいものが揃う。

📞 04996-2-0378
🕒 7:30～19:00
休 不定
¥ クサヤ各種300円～
P あり

### 三根／島料理
#### 厨
くりや

地図p.103-C
護神から🚶10分

島料理や、くさやピザなどのオリジナル料理が楽しめる。料理の素材は、極力島のものを使用。八丈牛乳の杏仁豆腐が登場することも。女将さん特製の唐辛子みそは、おみ

やげとして好評だ。利用時は事前予約が確実。

📞 04996-2-3047
🕒 11:00～14:00 ※夜は予約のみ
休 日曜(夏期は無休)
¥ 昼800円～
P あり

### 大賀郷／レストラン
#### やまんばハウス

地図p.102-E
町立病院前から🚶1分

日によって内容が替わるレストラン。火曜は手づくりパ

## 三根／ラーメン

### 蓮華
れんげ

地図p.103-F

三根出張所前からすぐ

　昼はラーメン専門店、夜は居酒屋。人気は鶏ガラベースの明日葉ラーメン900円と島唐辛子を使用した辛タンメン1100円。

- 04996-9-5425
- 11:30〜14:00　17:30〜21:00
- 水曜
- 昼700円〜　夜1000円〜
- あり

## 三根／民芸品

### 民芸あき
みんげいあき

地図p.103-F

三根出張所前から10分

　黄八丈織などの工芸品や島の素材を使った食品のおみやげが充実。鮮やかな色の印鑑入れ1250円〜などが人気。

- 04996-2-2093
- 8:00〜17:30（夏期は8:00〜18:00）
- 無休
- クサヤ540円〜　あり

## 三根／居酒屋

### 梁山泊
りょうざんぱく

地図p.103-F

護神から1分

　海草を煮出して固めたブド600円、角が丸いネリ（島オクラ）640円などおなじみの島の味と島酒が楽しめる。利用時は予約がおすすめ。

- 04996-2-0631
- 17:30〜23:00
- 日曜
- 夜5000円〜　なし

---

ン（食べ放題）に合う洋食メニュー、金曜は和食・洋食・中華料理のいずれかが週替わり。サラダ、ドリンクがついて1000円とお得。1日限定25食なので早めに行こう。パンの販売も行っており、日によって種類が変わる。ランチメニューやパンのラインナップはブログで確認できる。

- 04996-2-5079
- 火・金曜12:00〜13:00（月・木曜は弁当の注文販売のみ）
- 水・土・日曜・祝日
- 昼1000円　あり

# 島時間カフェと伝統料理の店

島の味や景色を楽しもう！

風光明媚な環境で、ゆったりとした時間が過ごせるカフェと、黒潮がもたらす海の幸、温暖な気候が育む山の幸を生かした伝統料理が味わえる店。八丈島の恵みを、五感で味わおう。

**Ⓐケーキセット（700円）**
自家製のあしたばチーズケーキは八丈島らしさを活かしたセンスあふれる一品だ

**Ⓑ明日葉パスタ（ジェノベーゼ風）（1470円）**
緑鮮やかなオリジナルパスタは、味はもちろん見た目にも楽しめる一品

## Ⓐ 空間舎（くうかんしゃ）

森の中にひょっこり現れる一軒家カフェ。オーナーが自ら建てた建物には、趣味である骨董の器や古い雑貨がさりげなく飾られている。ふわふわのかき氷や、手作りケーキが人気。クラフト制作体験工房を併設。

☎ 04996-2-4154
🕐 13:00〜18:00
休 火・金曜（夏期は無休。2月は定休）
P あり
地図p.102-A
空港から🚗5分、八重根港から🚗3分

## Ⓑ 心月（ここむーん）

イタリアン創作料理が味わえるカフェ。長い間札幌でレストランを営んだ八丈島出身のオーナーが、島にも老若男女が集える親しみやすい店を作ろうと開店。テラスを備えるナチュラルなムードの店内で、ゆったりとくつろげる。

☎ 04996-2-0269
🕐 11:30〜15:00(18:00〜は予約で営業)
休 木曜　P あり
地図p.103-F
🚶東畑から⛴3分

### 御赦免料理
江戸時代、刑期を終えた流人に対し、島民がお祝いの料理を持ち寄って行った宴会を再現したもの。バナナの葉に盛りつけた庶民の心づくしの味だ。八丈島へ多く流された政治犯は新しい知識を島にもたらしたことから、罪人とはいえ慕われる人が多かったという。

**◉御赦免料理（5400円〜）**
刺身、岩のりなどの海草類、麦雑炊、魚の塩釜など島の味覚が満載

### 島寿司
八丈島近海で捕れるメダイなど白身の魚を醤油に漬けたものと、甘めに仕込んだシャリを合わせた寿司。わさびの代わりにカラシを使うのが特徴。晴れの席には欠かせない一品で、スーパーの総菜コーナーでも販売している。小笠原や沖縄の島寿司も、八丈島からの開拓団が伝えたといわれている島の伝統の味だ。

**◉醤油漬（2100円）**
シマアジ、キンメダイなど数種の白身魚を使う

## 島時間カフェと伝統料理の店

### ◉いそざきえん
立派な古民家が目をひく郷土料理の店。地魚や自家栽培の野菜、バナナ、パッションフルーツなどを使った島の伝統料理が味わえる。御赦免料理のほかにも黒潮料理は1620円〜など、リーズナブル価格のメニューも揃っている。

♪ 04996-7-0041
⏰ 11:00〜14:00（夜は15:00までに要予約）
休 不定
Ⓟ あり　地図p.95-K
📍 樫立出張所前から🚶2分

### ◉あそこ寿司
江戸前寿司と島寿司が味わえる老舗。メニューには「島寿司」と「醤油漬」があるが、島寿司は島で獲れた新鮮なネタを使った江戸前寿司のような握り。郷土料理である漬けの寿司を味わうなら醤油漬を頼もう。ただし醤油漬は予約が必要なので要注意。

♪ 04996-2-0172
⏰ 11:30〜14:00、17:00〜20:00
休 不定休
Ⓟ なし　地図p.103-F
📍 護神から🚶1分

**2時間半のアドベンチャー！**

神秘的な唐滝と硫黄沼を目指して

# 三原山の森へ

八丈島の南側にそびえる三原山は標高700mの多重式火山。樹木が茂り、湧き水に恵まれた山だ。ふもとの集落からは登山道が整備されており、ガイド付きのツアーもあるので登山初心者にもおすすめ。深い森の中の絶景に会いに行こう。

**山の案内人：神部一祐さん**

八丈島を訪れる人たちにもっと自然を知ってほしいと始まったエコツアーを実施しているプロジェクト・ウェーブ(p.111下段参照)のスタッフ。出身は東京だが、八丈島の自然に魅せられたひとりだ。

### 所要約2時間30分

登山道入口 → 三原林道分岐（15分）→ 唐滝(折り返し)（50分）→ 硫黄沼（15分）→ 登山道入口（50分）

登山道入口は樫立地区都道沿い、伊勢崎商店前脇に標識がある(地図p95-K)。三原林道分岐から川沿いに少し行くと駐車場がある。

### 町の木、ロベ畑を進む

伊勢崎富次郎商店向いの道を山側に入り、民家が立ち並ぶ道をしばらく行くと左手に八幡山へ入る鳥居が見えてくる。山を迂回するように進んでいくと、唐滝川上流に雄々しい三原山、振り返ると中之郷方面を一望できる。さらに進むと、丁字路にぶつかるので右に行き橋を渡り川沿いの道を進む。しばらくすると右、三原山、左、硫黄山の標識があり、左の川沿いの道を進む。川沿いには、ヤシ科の植物、ロベの畑が広がる。

ロベとはフェニックス・ロベレニーのことで、鉢植えの観葉植物で知られているが、八丈島のロベは、切花の装飾用に葉の部分だけを出荷。全国で9割のシェアを誇り、町の木として島人たちに親しまれている。

### シダの宝庫・三原山を歩く

ロベの畑が見えなくなるとなだらかな山道になり、30分ほど歩くと登りが急にきつくなってくる。Uターンをするように右に大きく曲がると正面に海が見えてくる。晴れていればヒサカキの茂みの先に青い海と、向こう右手に台形の形をした青ヶ島が浮かんでいるのが見える。その先標識に従い左に道を進む。道沿いの足元にはアシタバやハチジョウアザミなど、さまざまな植物が茂る。

八丈島は全国的に見ても雨が多い。三原山は八丈富士に比べ山が古く、保水能力に優れているため、名前の付いているものだけでも9本の川が流れている。そうした環境のため約150種類ものシダがあり、シダの自然植物園といえそうだ。

簡易舗装された幅2mほどの道をさらに進む。梅雨時から夏にかけては、そこここにガクアジサイやタマアジサイが花を咲かせる。

## 崖から流れる唐滝をめざす

登り道を時々休憩しながら進んでいくと、コンクリート製の2つの貯水タンクが見えてくる。奥の古いタンクにつながっている送水管を越えて、さらに山道を登って行く。ここからはケモノ道のような狭い道で、いよいよ登山という実感が湧いてくる。

右側にロープが張られ、それに助けられながら5mほどの急坂を登ると、岩がゴロゴロしている沢に出る。川床の岩は滑りやすいので注意しながら沢を渡り、対岸をさらに上がっていくと、砂防堤に行き着く。この砂防堤を越え、もうひとつ3mほどの沢を渡ると唐滝はすぐそこだ。沢に沿って吹く風がとても心地よく、ハイキングの疲れも忘れさせてくれる。

唐滝は落差約36m。島内では三原滝に次いで2番目に大きな滝である。ただし三原滝は大雨の後にのみ見られるので、いつも水が流れている滝としてはこの滝が一番大きく、滝の上流域の緑の豊かさを物語っているといえる。滝の周りには、飛沫水の恵みを受けてコケが大変美しく成育している。午後に日差しが差し込むと滝に虹がかかるという。

滝の右側には、日清戦争時代に硫黄を採掘した洞窟があったが、2003年(平成15)年に発生した土砂崩れによって入り口が埋まってしまったため、現在は中に入ることができない。

## 緑色の水をたたえる硫黄沼へ

唐滝からもと来た道を15分ほど下って行くと、渓谷の木々の間から緑色の水をたたえる沼が見えてくる。標識にしたがい右手の脇道を下って行く。硫黄沼は室町時代に造られた溜池で、硫黄分などが溶けて湖水が緑色になっているともいわれる。沼の奥には小さな硫黄滝も見られる。

山道は小さな石が多いので歩幅を小刻みにした方が歩きやすい。硫黄沼へは唐滝へ行く前に立ち寄ることもできる。神秘的な唐滝と硫黄沼へのハイキングコースは急な登りもあるが、子どもでも充分楽しめる。

## 登りと違った風景を楽しむ

　帰り道も登ってきた道を戻ることになるが、同じ道といえども、目にする風景が違って見えるから不思議。太陽に向かって歩けば照葉樹の葉がキラキラと輝き、生命の息吹が感じられる。木々の間から見える硫黄沼も光っている。高低差260m、往復約2時間30分で、出発点に戻ってきた。半日の手頃なコースだ。

●硫黄沼・唐滝コース
期間　通年（7〜8月を除く）／半日（9:00〜12:00または13:00〜16:00）5200円（子ども3000円）／2名以上　☎04996-2-5407（プロジェクト・ウェーブ）

## 登る前のアドバイス
●夏場でも長ズボンや軍手を着用した方がいい。雨具、タオルは必ず携帯する。
●途中に水場はないので飲料水の用意を。
●天候が変わりやすく、大雨でみるみるうちに川が増水することがある。コースの途中でも中止する場合がある。
●運動靴でもOKだが、トレッキング用の靴が望ましい。登山用ストックがあると便利（突く時に植物や道を傷めないように）。
●登山道以外の歩行や、単独行動は絶対にしない。
●登山道入口向かいにある富次郎商店（☎04996-7-0035/8:00〜20:00/無休）は、飲物やお弁当、電池などが揃う。

## 三原山で見られる植物

**アシタバ**
島のあちらこちらで見られ、夏に白い花を咲かせる

**ナンバンギセル**
ピンクの小さな花が特徴。ススキなどの根に寄生する

**イズノシマダイモンジソウ**
秋から冬にかけて咲く。細長い花びらが「大」の字型の花

**ハチジョウカグマ**
シダの種類でコモチシダの変種。葉の表面に多くの芽をつける

**リョウメンシダ**
名前の由来通り、どちらが表か裏か、わかりにくいシダ

**ラセイタタマアジサイ**
つぼみが球状で、葉裏はざらざらとした特徴がある

**シマクサギ**
白く小さな花からはとてもいい香りが放たれる

**オオバヤシャブシ**
昔はお歯黒の材料に、現在ではクリスマスのリースに

**シマテンナンショウ**
別名ヘンゴともいい、かつては根茎を食用にしていた

伊豆諸島の最高峰に挑戦

# 八丈富士に登る

雄大な景色が待っている!!

標高854.3mの八丈富士は、美しい円錐形のフォルムで知られる。伊豆諸島で最も高い山で、島のシンボルだ。登山口から頂上まで、約1時間。360度のパノラマが望めるお鉢めぐりを楽しもう（地図p.94-A）。

## 鉢巻道路と牧場

八丈富士は約1万年前に活動が始まったといわれ、最後の噴火は1605（慶長10）年。日本では珍しい井戸状になった成層火山。水はけがよい土壌のため、八丈富士側には川が流れていない。7合目付近に山を一周できる鉢巻道路がある。左に行けば、ふれあい牧場（地図p.94-E）があり、のんびりと草を食む牛の姿が見られる。

## 1280段の階段

空港方面から来て、鉢巻道路を右に300mほど進むと左側に登山口がある。登山口には数台なら駐車できるスペースも。ここから頂上までは、溶岩などで造られた1280段の階段をひたすらに登って行く。日差しをさえぎる樹木はないので、登山は春や秋が最適だ。ゆっくり登って1時間ほどでお鉢めぐりの分岐点である稜線に到着する。

分岐点から火口内にある浅間神社までは片道20分ほど歩いたところ。神社は小さな石造りで、周辺には多くの玉石がある。火口内の北側には直径約180m、深さ約100mの小穴と呼ばれるもう一つの陥没穴がある。

## お鉢めぐり

分岐点を左に行くと（右回り）、15分ほどで854.3mの三角点・山頂に辿り着く。火口をのぞくとカルデラの中に、溶岩ドームが盛り上がっているのがわかり、中央部の火口丘には数個の池も望める。ここからは火口を背にして左手に三根や底土港、正面に三原山と空港、右手に大賀郷と八重根港が見下ろせる。さらに進むと左に標高616.8mの八丈小島が見えてくる。晴れていれば北に三宅島や御蔵島が見られる。また、富士山の頭が見えることも。約1時間で一周できるが、雨天・強風など悪天候時は転落事故につながるので中止を。

八丈富士に登る

←長い階段の途中には、半分を告げる標識が

←底土港方面を望む／↑お鉢めぐりの稜線

# 海・山ツアーで豊かな自然を満喫

海も森もすごい！

青い海に囲まれた八丈島の自然をより体感するために、ネイチャーアクティビティに参加するのもひとつの方法。島のことを知り尽くしたツアーガイドの案内があれば面白さも倍増すること間違いなし。

## 体験ダイビング

海ガメが泳ぐ姿を間近で観察！

**初心者でも楽しめる海中散歩**

　八丈島は、火山性溶岩が固まってできた海底地形によりダイナミックな水中景観が楽しめ、ダイバーにも人気の島。黒潮の影響で亜熱帯系の色鮮やかなトロピカルフィッシュも多く見られる。

　体験ダイビングはライセンスが無くとも、10歳以上の健康な人であれば誰でも参加できるコースだ。インストラクターのサポートのもと、初心者でも安心して参加できる。海ガメがよく見られる八丈島では、体験ダイビングでも高確率で海ガメで出会える。「レグルスダイビング」では記念にダイビング中の水中写真のプレゼントも。

●レグルスダイビング　地図p.103-F
☎04496-2-3539
通年実施／1名より開催／所要時間2時間半／大人8500円(土日祝13500円)

● その他の体験ダイビング実施店 ●

〈三根地区〉
オーシャンブルーヴァード　☎04996-2-0164　9800円〜
ブーメラン　☎04996-2-3108　1万1800円

〈大賀郷地区〉
オリーブダイビングクラブ　☎04996-2-4610　1万3000円
ダイビング・スズミ　☎04996-2-3439　1万2000円
P's クラブ　☎04996-2-2001　1万800円
比三一ダイバーズクラブ　☎04996-2-4497　1万5000円
シーダイブ　☎04996-2-5840　1万3500円

## シュノーケリング

海の生き物がより身近に

**豊かな八丈島の海を気軽に体感**

　特別な器材を使わずに、フィン、シュノーケル、マスクの装着だけで八丈島の海と一体になれるシュノーケリング。イルカのように泳ぎながら、魚と同じ目線で島の自然を体感できる。観察できる魚は、スズメダイやチョウチョウウオの仲間。ベテランガイドが同行するので、初めての人でも安心。

●アラベスク　地図p.102-E
☎04996-9-5838
4〜12月実施／2名より開催／所要時間約2時間／対象6歳以上／大人6300円(器材一式、保険料込)／水着、着替え持参

## 初心者フィッシング

### 道具の扱い方から教えてくれる

　魚影が濃いことから太公望も多く訪れる八丈島で、初めての磯釣りにチャレンジ。子どもや竿を握ったことのない人でも、経験豊富なインストラクターが釣り方をレクチャーしてくれる。竿から手元に伝わる引きの感触に、気持ちも高ぶる。釣れる魚はムロアジが中心。干物はもちろん、鮮度がよければ刺身でもおいしい魚だ。

アタリに興奮！釣りの醍醐味を気軽に体験

●空間舎　地図p.102-A　☎04996-2-4154
通年実施／1名より開催／所要約2時間／料金4000円（道具・餌代含む）

## 光るキノコ観察会

### 暗闇でぼんやり緑色に発光

　毎年6～9月頃になると、島内では光るキノコを見ることができる。都立八丈植物公園（p.100参照／地図p.102-E）では夏休み期間中に無料の観察会を実施。暗闇の中で地面のあちこちにほんのりと光が灯る、自然が作り出した幻想的な風景を観察してみよう。問い合わせは八丈ビジターセンターへ。

夜の森に不思議な光が！

●八丈ビジターセンター　地図p.102-E
☎04996-2-4811 例年7月中旬～8月実施／ガイドツアー午後2回／1名より開催／所要約30分／無料

## 無人島・八丈小島へ上陸

### かつては有人島だった美しい円錐形の島

　八丈島の北西にある八丈小島に上陸するプログラム。古くから人々が暮らす島だったが、1969（昭和44）年に住民が集団移住してからは無人島になっている。

　本島の八重根港を出発し、かつて集落があった鳥打近くの船着場に到着。コンクリートの道に沿って進むと、神社や、人が暮らしていた家の跡を見ることができる。また、本島とは違いイタチが持ち込まれなかったため、絶滅が危惧されるカラスバトやアカコッコ、伊豆諸島固有種といわれるオカダトカゲなど、貴重な生き物も多く生息している。人々が去った集落の風景と、島本来の自然を感じながら散策してみよう。

貴重な生物に出会えるかも♪

●プロジェクト・ウェーブ　地図p.94-E
☎04996-2-5407
4～6月・9～11月実施／4名より開催／所要約3時間／料金大人1万500円／海況により開催されない場合もあり

かしたて なかのごう すえよし　地図 p.95

# 樫立・中之郷・末吉

## 南国らしい自然や郷土芸能を堪能

　三原山の山裾にある集落で、多くの温泉が点在する坂上と呼ばれているエリア。樫立と中之郷には飲食店や食料品店が集まり、三原山の登山口もある。末吉には名古の展望やサーフポイントの汐間海岸が。ハイキングと温泉を組み合わせて楽しめる。

見る　歩く

### 大坂峠
おおさかとうげ

地図p.95-K
空港から🚗10分、底土港から12分

　大坂は島一番の交通難所で、ここを境に大賀郷・三根を坂下、樫立・中之郷・末吉を坂上と呼んでいる。日露戦争戦勝記念にトンネルが掘られたが、その後莫大な費用をかけてトンネルの拡幅や横間道路を改修し、逢坂橋が完成した。この橋からトンネルに向かう途中に展望台（Ｐあり）があり、ここから望む夕日の美観は八丈八景にも選出。夏は、八丈小島の左側に沈む夕日が眺められる。

📞 04996-2-1125（八丈町産業観光課）
＊ 見学自由

### 八丈服部屋敷
はちじょうはっとりやしき

地図p.95-K
空港から🚗14分、底土港から🚗16分、
🚏樫立出張所前から👞1分

　江戸時代、幕府に献上する黄八丈織りの御用船預かりの家、服部家の屋敷跡。流人近藤富蔵が築いた玉石垣が残り、推定樹齢700年のソテツも見事だ。樫立踊りと八丈太鼓（観覧料350円。開催要確認）は、流人が持ち込んだ民謡で、太鼓の音にあわせて故郷を偲んで謳われたもの。樫立踊りの公演は10:00〜の1日1回のみ。館内には服部家ゆかりの器や道具類も展示。手作りの黄八丈の小物類など、おみやげを扱う売店もある。

📞 04996-7-0231　🕗 8:00〜15:00　🚫 不定
Ｐあり　💴 入園無料

### 乙千代ヶ浜
おっちょがはま

地図p.95-K
空港から🚗16分、底土港から🚗18分
🚏樫立出張所前から👞15分

　海の透明度が高い岩場の海岸で、夏は海水浴やシュノーケリングなどでにぎわう。シャワーやトイレの設備もあり、無料で利

用できる。浜までの坂道の途中には休憩所もあり、そこから見下ろす景色も絶景だ。

☎04996-2-1125(八丈町産業観光課)　Ｐあり
＊見学自由

## 裏見ヶ滝
うらみがたき

地図p.95-L
中田商店前から🚶10分

　うっそうと茂る樹木の間に流れる川沿いを10分ほど行くと滝が見える。滝の裏側に遊歩道があり、滝を裏側からも眺められるのが名前の由来。散策路の途中には鳥居もあり、玉石で造られた急な石段も見られる。近くには裏見ヶ滝温泉やザ・BOON、やすらぎの湯などの温泉もある。

☎04996-2-1125(八丈町産業観光課)
＊見学自由

## 足湯きらめき
あしゆきらめき

地図p.95-L
中之郷温泉下車すぐ

　眼前に広がる大海原を一望しながら足湯につかることができる。大人数でもゆった

り利用でき、屋根や駐車場があるので雨天時も立ち寄りやすい。時期によっては、遠くにザトウクジラの姿を見ることもできる。1月頃は水平線に夕日が沈む絶景が望める。藍ヶ江港からも近く、釣りのあとに訪れるのもいい。この場所から見える藍ヶ江のきらきらした海のイメージが名前の由来。

☎04996-2-5570(八丈町福祉健康課)
🕐11:00〜21:00　休無休　￥無料

## 藍ヶ江港
あいがえこう

地図p.95-L
空港から🚗20分、
中田商店前から🚶20分

　釣りスポットとして人気の島の南側にある小さな漁港。名前の由来は海に藍を流したように青い色をしているから。断崖絶壁を映す紺碧の海は絶景で、八丈八景の一つに選ばれている。

☎04996-2-1125(八丈町産業観光課)　Ｐあり
＊見学自由

### TEKU TEKU COLUMN

## 平安時代末期から続く由緒ある絹織物・黄八丈
きはちじょう

　黄八丈は八丈島に自生する草木で染めた絹糸を使った絹織物のこと。室町時代から、幕府に年貢のかわりに納められていたという。染元は、水の豊富な樫立・中之郷に集中し、今でも島の人たちにより伝統が守られている。

**黄八丈めゆ工房**
☎04996-7-0411／🕐9:00〜17:00／休無休／Ｐあり／地図p.95-K／＊見学・小物類購入可能

**八丈民芸やました**
☎04996-2-3476／🕐9:00〜18:00／休不定／Ｐあり／地図p.103-C／＊体験・小物類購入可能(要予約)

島人の元気はここでチャージ！

お湯よし＆眺望もよし
# 自慢のいで湯に癒やされる

八丈島は個性あふれるいで湯が旅人を出迎える温泉郷。島内の各温泉に1日入り放題の温泉周遊券（600円）も。南の島で、のんびりゆったり温泉を楽しんでみよう。

### 大自然に包まれた野趣あふれる温泉
### 裏見ヶ滝温泉
うらみがたきおんせん

緑の中、滝を見下ろすロケーションに作られた混浴露天温泉。滝の流れる音を聞きながらの入浴は、秘湯気分も満点だ。水着の着用が必要で、石鹸等は使用できない。

地図p.95-L　♀中田商店前から🚶11分
♪なし　🕙10:00～21:00（10月～3月は20:00まで）
※要水着着用　🈺月曜　💴無料　🅿あり

### 爽快な絶景露天風呂
### 末吉温泉 みはらしの湯
すえよしおんせん みはらしのゆ

大海原を一望するパノラマの露天風呂が自慢の温泉。遮るもののない露天からの眺めで、気分も爽快に。頭上に満天の星空が広がる夜の入浴も、ここならではの醍醐味。

地図p.95-H　♀末吉温泉前から🚶すぐ
♪04996-8-1933　🕙10:30～21:30（入館21:00まで）　🈺火曜（祝日・夏期・年末年始は無休）
💴500円　🅿あり

### 島民が疲れを癒やす温泉
### 樫立向里温泉 ふれあいの湯
かしたてむかいさとおんせん ふれあいのゆ

島内中心部に一番近い場所にある。大浴場と露天風呂は総ヒノキ造り。毎日のように通う常連の住民も多く、ほのぼのとした旅情を感じる温泉だ。

地図p.95-K　♀樫立温泉前から🚶すぐ
♪04996-7-0788　🕙10:00～22:00（入館は21:30まで）　🈺月曜（祝日・夏期・年末年始は無休）　💴300円　🅿あり

### まだある八丈島の温泉
●中之郷温泉 やすらぎの湯
♪04996-7-0779／♀中之郷温泉から🚶すぐ／10:00～21:00（入館20:30まで）／🈺木曜（祝日・夏期・年末年始は無休）／🅿あり／300円／地図p.95-L

●ブルーポート・スパ ザ・BOON
♪04996-7-0123／♀ザ・ブーン前から🚶すぐ／10:00～21:00（入館20:30まで）／🈺水曜（祝日・夏期・年末年始は無休）／🅿あり／700円／地図p.95-L

島の名産が勢ぞろい！
# 八丈島みやげ

海や陸の恵みだけでなく歴史もある八丈島では、美味しいものはもちろん、民芸品をお土産に選んでも旅の思い出になる。お気に入りの品を探してみよう。

迷ったらコレ!!

### コロコロポーチ
（6200円）Ⓑ

800年ほどの歴史がある絹織物・黄八丈を使用したポーチ。上品な色合いで何年も使える。プレゼントにも最適。

### 八丈島ジャージープリン（380円）Ⓐ

八丈島の国立公園内にある「ゆーゆー牧場」で育ったジャージー牛の牛乳をたっぷり使ったなめらかプリン。

### JA明日葉茶
（130円）Ⓒ

缶入りの明日葉茶。持ち運びしやすく、すぐに飲めるのでお土産にぴったり。焼酎の割りものにしても美味しい。

### トンボ玉アクセサリー
（体験込み3000円）Ⓔ

体験メニューで手作りできるお土産。八丈島の海を思い出させるようなキラキラしたアクセサリーを作ってみよう（要予約）。

### 焼きくさや瓶詰
（1080円）Ⓓ

三根にある加工場で製造。常温で保管でき、そのまま食べられる。焼いたときの臭いが気になる人にもおすすめ。

八丈島みやげ

●ショップ情報
Ⓐ…八丈島ジャージーカフェ　☎04996-2-5922／⏰10:00～17:00／休不定／地図p.102-E
Ⓑ…八丈民芸やました　☎04996-2-3476／⏰9:00～18:00／休不定／地図p.103-C
Ⓒ…八丈ストア　☎04996-2-0410／⏰9:00～20:00／休元日／地図p.103-C
Ⓓ…マルタ水産加工場　☎04996-2-0348／⏰8:30～17:00／休元日／地図p.103-C
Ⓔ…雑貨屋ラミ　☎090-5438-1187／⏰10:00～18:00（平日は13:00～）／休不定／地図p.103-C

## 買う&食べる

### 中之郷／買う
# えこあぐりまーと

地図p.95-L
中田商店前から🚶15分

農産物直売所、喫茶、温室がある施設。温室は地熱を利用していて珍しい植物が見られる。直売所ではドラゴンフルーツやマンゴーといった、季節ごとの新鮮なフルーツや野菜などが買える。喫茶スペースには島ならではの珍しい味のジェラートも。

📞 04996-7-1808
🕙 10:00～16:00
休 無休
¥ 100円～

### 中之郷／みやげ
# ガーデン荘
がーでんそう

地図p.95-L
中田商店前から🚶1分

食事が評判の民宿で、おみやげも販売している。パッションフルーツ、パパイヤなどを使った自家製無添加ジャム350円～や島の唐辛子を使用した島とんの佃煮500円～などが人気。

📞 04996-7-0014
🕙 10:00～17:00
休 無休　P あり

### 樫立／そば
# 千両
せんりょう

地図p.95-K
樫立出張所前から🚶1分

1961(昭和36)年にかき氷の店として創業した、島民に愛される食堂。丼物や麺類など、数多いメニューの中でも手打ちの日本そばが評判。エビとあしたばの天ぷらが付く天ざるは900円。

📞 04996-7-0040
🕙 11:00～14:00、17:00～19:00
休 月曜
¥ 昼550円～　夜550円～
P あり

### 中之郷／食べる
# 古民家喫茶 中之郷
こみんかきっさなかのごう

地図p.95-L
中田商店前から🚶5分

裏見ヶ滝に行く途中にある古民家を利用したカフェ。店内の中心には囲炉裏もあり、冬でも暖かい。人気のあしたばスコーン350円はほんのりとした苦味が感じられる島ならではのスイーツ。ほっとひと息つきたいときにぴったりだ。

📞 04996-7-0502
🕙 10:00～17:00
休 木曜
¥ 350円～
P あり

### 中之郷／居酒屋
# むらた

地図p.95-L
中田商店前から🚶3分

大豆のコクを引き出した自家製豆腐の料理は一番人気で、島にがり奴530円などが味わえる。注文があってから揚げる厚揚げ490円や、こってりした味わいの豆腐の味噌漬590円もおすすめ。そのほか、定番の居酒屋メニューや各種島焼酎が揃う。

📞 04996-7-1022
🕙 17:00～22:00(LO.20:30)
休 日曜
¥ 夜3000円～
P あり

# 泊まる

### 大賀郷／ホテル
## 八丈ビューホテル
はちじょうびゅーほてる

地図p.102-A
空港から🚗4分、底土港から🚗15分

八丈富士の西側山麓に位置し、紺碧の太平洋が眺められるビューポイントにある。館内の焼酎バーには八丈島だけではなく、伊豆諸島すべての銘柄が揃い、島酒の飲み比べができるので酒好きにおすすめ。和室と洋室があり、夕食では明日葉や近海で獲れた海の幸が味わえる。

- 📞 04996-2-3221
- 💴 (1泊2食付)本館1万800円〜、別館1万4040円〜
- ℹ️ 開業1975年(改装2007年)／48室

### 大賀郷／ホテル
## 満天望
まんてんぼう

地図p.94-F
空港から🚗10分、底土港から🚗15分

坂下から坂上に向かう途中にある夕日の景勝地、横間ケ浦海岸に近いプチホテル。アメニティも充実しており、バリアフリー設計。食事は島の食材を使ったものが中心となり、予約をすれば特別メニューも用意してくれる。

- 📞 04996-2-7250
- 💴 (1泊2食付)洋室9720円〜、繁忙期1万500円
- ℹ️ 開業2002年／7室／HPあり

### 大賀郷／ゲストハウス
## 銀河荘
ぎんがそう

地図p.94-E
空港から🚗10分、底土港から🚗15分

画家の女将が営むゲストハウス。中は吹き抜けで風通しがいい。広いデッキからは昼間は海が見え、夜は満天の星が見える。

- 📞 090-7940-3442
- 💴 4000円(素泊まりのみ、冬は暖房代+500円)
- ℹ️ 開業2007年／3部屋

### 三根／ホテル
## リードパークリゾート八丈島
りーどぱーくりぞーとはちじょうじま

地図p.94-B
空港から🚗8分、底土港から🚗8分

八丈富士の山麓にある赤い屋根が特徴的なリゾートホテル。目の前はすぐ海という絶好のロケーション。自慢は露天風呂付きの大浴場で、海を行き交う船を眺めながらゆったりと入浴を楽しめる。モダンなロビーやレストランも心地いい。

- 📞 04996-2-7701
- 💴 (1泊2食付)洋室1万260円〜、繁忙期1万7280円〜
- ℹ️ 2015年(改装2015年)／66室

### 三根／ホテル
## ホテル リード・アズーロ

地図p.94-B
空港から🚗7分、底土港から🚗7分

八丈富士の東側山麓に位置するリゾートホテル。部屋のほとんどがオーシャンビュー。また、宿泊客が利用できる、プール(夏期のみ)も併設している。夕食は地元の食材を使った洋食のコース料理が楽しめ、夏期であればシーサイドグリルも選べる。

- 📞 04996-2-3121
- 💴 (1泊2食付)洋室1万260円〜、繁忙期1万5120円〜
- ℹ️ 開業2008年(改装2013年)／29室／HPあり

※2名1室(一人当たり)の料金を掲載

### 三根／民宿
## そこど荘
そこどそう

地図p.103-F
空港から🚗7分、底土港から⛴1分

底土港近くにある、新鮮な魚を使った料理が評判の宿。釣り道具のレンタルもあり、釣った魚を持って来れば調理してくれる（レンタル利用の宿泊者）。ガジュマルやハイビスカスなどが植えられ南国の香りあふれる中庭では、予約をすればバーベキューもできる。

📞 04996-2-0092
💴 (1泊2食付) 8500円（通年）
ℹ️ 開業1966年（改装1991年）／10室

### 三根／ホテル
## 八丈島リゾートシーピロス
はちじょうじまりぞーとしーぴろす

地図p.103-F
空港から🚗7分、底土港から⛴3分

バリのリゾートをイメージした施設。建物からも南国の雰囲気が感じられる。八丈島唯一の砂浜のビーチ・底土海水浴場は目の前。水着に着替えてそのまま遊びに行くこともできる。館内にはバリ島から直輸入したこだわりの家具が配され、南国ムード満点。アジアンリゾートの雰囲気にゆったりくつろげる。一戸建ての離れもあるのでグループにもおすすめ。

📞 04996-2-5757
💴 (1泊2食付) 1万800円〜、繁忙期1万6000円
ℹ️ 開業2009年／23室

### 中之郷／民宿
## ガーデン荘
がーでんそう

地図p.95-L
📍中野商店前から⛴1分

緑に囲まれた木造平屋の母屋はまるで、祖母の家に遊びに来たかのような安心感がある。母屋と離れの間には図書館もあり、ゆっくり読書にふけるのもいい。地魚の刺身や釜めしなど八丈島で収穫した食材を使った夕食が人気。また、気さくな女将さんの人柄に惹かれて訪れるリピーターも多い。手作りジャムなど、土産も販売。無料wi-fiあり。

📞 04996-7-0014
💴 (1泊2食付き) 6800円〜、素泊まり4725円
ℹ️ 開業年／9部屋

### 三根／旅館
## やましたのおやど

地図p.103-C
空港から🚗5分、底土港から🚗4分

八丈民芸やましたの系列の旅館。和室と洋室があり、全室南向きなので日当たり良好。島ならではの食材を使う家庭的な料理が自慢。

📞 04996-2-4433
💴 (1泊2食付) 1万500円〜

---

### その他の宿泊施設

| | | |
|---|---|---|
| 十五夜<br>じゅうごや | 📞04996-2-7711／📍地図p.103-F／💴(1泊2食付) 9180円〜<br>●底土港のそばにある和とアジアがテーマの落ち着いたペンション。 | |
| 民宿あしたば荘<br>みんしゅくあしたばそう | 📞04996-7-0434／📍地図p.95-K／💴(1泊2食付) 6500円〜<br>●裏見ヶ滝温泉に近い。島料理が評判で温かな雰囲気が人気。 | |
| ペンションブルーマーリン | 📞04996-2-3733／📍地図p.102-D／💴(1泊2食付) 7875円、繁忙期8925円<br>●自家栽培の野菜と地魚の料理を味わえる。常連客が多い。 | |

※2名1室（一人あたり）の料金を掲載

あおがしま　地図 p.5

# 青ヶ島

## 二重のカルデラを持つ絶海の孤島

八丈島から約70km南の洋上にあり、伊豆諸島最南端の小さな島。青ヶ島は二重式火山と呼ばれる地形をもち、内輪山である丸山と外輪山からなる独特な地形を形成している。

**エリアの魅力**

絶景
★★★★★
アクティビティ
★
温泉
なし
島の味覚
★★
アクセス難易度
★★★★★

### 青ヶ島への行き方

青ヶ島へ行く手段としては船舶かヘリコプターがあるが、いずれも八丈島から出ている。船舶の場合は、八丈島から伊豆諸島開発の定期船「あおがしま丸」が週4～5便運航。所要3時間、片道2550円程度。乗船券の購入は当日のみ可能だが、天候によって欠航することも多い。ヘリコプター利用の場合は、八丈島空港から約20分、片道1万1530円。すぐに満席になってしまうので早めの予約を。集落のある岡部地区のヘリポートに発着する。

**観光の問い合わせ**

青ヶ島村総務課
☎04996-9-0111

### まわる順のヒント

島内の移動は徒歩が基本（レンタカーもある）。見どころのある池ノ沢は内輪山、集落のある岡部地区は外輪山にあるため、道はアップダウンを伴う。三宝港から役場や集落のある岡部地区まで、歩いて1時間30分ほど。事前に宿へ予約をすれば、最寄りまで迎えにきてくれることもあるので、予約時に確認してみよう。

**交通の問い合わせ**

東海汽船
（八丈島代理店）
☎04996-2-1211
あおがしま丸運航情報
（青ヶ村役場）
☎04996-9-0033
東邦航空
☎04996-2-5200
青ヶ島レンタカー
☎04996-9-0088
池之沢レンタカー
☎04996-9-0151

■集落のある岡部地区を散策

民宿から尾山展望公園や東台所神社、島の最高峰・大凸部まで、いずれも歩いて30～40分程度。大凸部～東台所神社～尾山展望台と散策しても2時間程度。尾山展望台からは360度のパノラマが広がる。集落の様子や、晴れていれば八丈島まで見渡せる。

**青ヶ島の宿泊施設**

島内には民宿が5軒とキャンプ場（p.18参照）がある。1泊3食付で7500円～（宿により異なる）。予約をすれば、島寿司を作ってくれることも。民宿は基本的に3食付。

マツミ荘 ☎04996-9-0162
御宿為朝 ☎04996-9-0410
杉の沢 ☎04996-9-0137
あおがしま屋 ☎04996-9-0185
ビジネス宿中里 ☎04996-9-0062

青ヶ島ヘリポート

しけの三宝港

## 見る・歩く

### 青ヶ島港（三宝港）
高さ200mの断崖で囲まれる島唯一の着岸港。コンクリートで固められ要塞のようだ。夏場は、この港が子どもたちの海水浴場ともなる。

### 池之沢噴気孔群
内輪山のカルデラから噴出している地熱蒸気で、煙のように見える。島言葉で、ヒンギャは噴気孔のある場所という意味。

### 大凸部からの眺望
海抜423m、世界でも珍しい複式火山。外輪山の北西部に位置し、島の最高峰。三角点は新東京百景にも選ばれている。

### 東台所神社
1757（宝暦7）年、七太夫名主の息子が11人を殺傷して神子の浦に入水、後に祟神となって伝えられている。

### 青ヶ島村ふれあいサウナ

池之沢の地熱を利用したサウナ。男女別のサウナのほか湯船もある。地熱を使って、玉子などを蒸す釜もあり、7分ほどで半熟になる。♪04996-9-0203／16:00〜20:00（土・日曜・祝日は14:00〜／入館は19:00まで）／第1・3・5水曜は休み／入浴300円

### 丸山

海抜223mの二重式火山の内輪山。220年以上前に大噴火を起こした。西側斜面ではいまも蒸気が噴き出しているところも。

## 食べる

### 十一屋酒店

食料品店で、青ヶ島の焼酎「青酎」を販売している店。青酎は、島で採れるサツマイモと麹麦で作る焼酎のこと。アルコール35度、700ml入りで1500円〜。♪04996-9-0135／8:00〜20:00／無休

### 青ヶ島製塩事業所
地熱から噴出する蒸気で、海水を蒸発させて製塩。「ひんぎゃの塩」として、高級料理店でも使われている。120g入り370円。八丈島空港の売店でも販売している。

小笠原

初めての人でも安心!!
# How to 小笠原旅行

## 知識ゼロからわかる小笠原Q&A

### Q1 現地までの交通手段は?

**A1** 飛行機など空路はなく、定期船は大型客船「おがさわら丸」のみ。約6日で一往復のペースで運行している(年末年始、GW、お盆を除く)。乗船は約24時間。年間を通じて、欠航することはほとんどない。台風の影響などで大幅に遅れたり、出航時刻が変更になったりすることは、ごくまれにある。

### Q2 旅程は何日ぐらい必要?

**A2** 乗ってきた船の折り返し便で帰る「1航海」だと、行き帰りの船中各1泊、現地3泊の5泊6日。一部の時期を除き、基本的に、これが小笠原を旅行する際の最短日数となる。

ただし、海況が悪いタイミングにあたった場合、現地3泊では充分に楽しめないこともる。また母島にも行くともなると時間的に余裕が無くなってしまうので10泊11日と長期間にはなってしまうが、一旦乗ってきた船を見送り、次に来た船で帰る「2航海」がおすすめだ。

### Q3 最低限必要な予算の目安は?

**A3** おがさわら丸の運賃が、最も安い2等和室で大人片道22,870円(2017年11月現在)なので、往復で45,740円。宿泊&飲食代は1日1万円程度は見ておきたい。

現地ツアーは、陸系で1日5000円～1万円程度、海系で1日1万円～1万5000円程度だ。

### Q4 ベストシーズンはいつ?

**A4** ホエールウォッチングが目的なら、12月下旬～5月上旬までクジラが見られる可能性があるが、一番遭遇率が高いのは2～4月。イルカは通年見られるが、6～10月は水着でも泳げるのでおすすめ。ただし台風の可能もあるので要注意。

### Q5 出発前に予約するべきものは?

**A5** 宿とレンタカーは、現地ではなく本土出発前に予約しておきたい。特にレンタカーは、繁忙期はかなり早期に埋まってしまうことも多い。海系ツアーは海況次第なので、到着当日・翌日など以外は現地についてからでもよい。ただしGW・夏休み・年末年始は早めの予約が無難。

### Q6 携帯は通じる? 金融機関は?

**A6** 父島・母島ともに携帯電話の利用は可能。中心地から離れると通じないこともあるので要注意。船中では東京湾内および、伊豆諸島・父島・母島近海では利用可。

金融機関は父島・母島ともに郵便局とJAが利用できる。父島には七島信組もある。

# おがさわら丸　完全予約術

### ①運航スケジュールを確認
年末年始、GW、お盆には増便があるほか、時期によって、おがさわら丸の発着サイクルも異なるため、出発する曜日は変わってくる。まずは小笠原海運のホームページや電話で確認を。

### ②予約開始日を把握する
時期や年によって異なるが、通常期は出航日の2カ月前から予約受付開始（該当日が土・日曜、祝日の場合は翌営業日）。

ただし、年末年始、GW、7・8月などの多客期は、別途、予約開始日が設定される場合もあり、決まり次第、小笠原海運ホームページ上で発表される。

### ③チケットの予約・購入
電話の場合は、後日、予約確認書が郵送で届く。指定口座に料金を振込み、搭乗券引換書が届いたら購入完了。

竹芝桟橋の東海汽船竹芝支店、小笠原海運（港区芝浦3-7-9／JR田町駅から徒歩5分）の窓口に直接出向く場合は、予約と同時に購入となる。

各旅行代理店でも購入可能。満席になってしまった場合はキャンセル待ちとなる。

## 小笠原旅行専門の代理店
## ナショナルランド

他の地域に比べて、日数も予算もかかる小笠原旅行。「小笠原専門」ならではの豊富な知識で、往復のおがさわら丸の予約はもちろん、宿やレンタカー手配、一部ツアーの手配まで代行。失敗しない小笠原の旅を提案してくれる。たとえば、こんなケースでも――。

### Case①　旅程を組むのが苦手
半日ツアーと一日ツアーがあったり、ははじま丸の運航日や時間が不規則だったり。選択肢が多数ある中から、希望に応じて効率よく巡るプランを立ててもらえる。

### Case②　自分にあった宿を知りたい
相部屋のゲストハウスやユースホステルから、高級ペンションまで、宿のタイプもさまざま。ツアーショップを兼ねている宿もある。目的や予算、部屋の好みなどを伝えれば、最適の宿を選んでくれる。

### Case③　東京以外から出発したい
横浜、名古屋、仙台、神戸などからのクルーズ船の申し込みにも対応可能。硫黄島や西之島周遊、八丈島立ち寄りなど、定期航路のおがさわら丸とは一味違ったクルーズが楽しめる。

---

**小笠原海運**
☎03-3451-5171
https://www.ogasawarakaiun.co.jp/
小笠原の天気予報
☎04998-177

**お得なクーポン付 おがまるパック**
往復2等乗船券、宿泊費、みやげ店やガイドツアーなどの各種割引クーポン券がセットになった旅行プランが「おがまるパック」。問合せ・申し込みは小笠原海運、またはナショナルランドなど旅行代理店まで。

**ナショナルランド**
☎03-3431-3001
https://www.04998.net/

竹芝客船ターミナル内の事務所には小笠原観光情報センターも併設されているので、小笠原の旅行に関することが気軽に相談できる。

快適な船旅を楽しもう

# おがさわら丸早分かりガイド

　2016（平成28）年7月に就航した3代目おがさわら丸には、客室以外にもさまざまな施設がそろう。

　レストランではステーキや丼ものなど様々なメニューのほかアルコール類も提供。モダンな展望ラウンジではアップルパイなどの軽食やドリンクが太平洋の大海原を眺めながら楽しめる。売店ではオリジナルグッズのほか、洗面道具なども購入できるので便利。

　そのほか、24時間利用可能で更衣室も完備したシャワールームや、子どもが遊べるキッズルーム、喫煙室もあるので、24時間の船旅が快適に楽しめる。

## 館内施設

レストラン

展望ラウンジ

船内ショップ

## 部屋タイプと料金　※料金はいずれも大人1名分（片道）

・**特等室（スイート）　6万8140円**
定員2名／キングサイズベッド／バス・トイレ・テレビ・冷蔵庫・空気清浄機・コンセントあり／専用ラウンジ・デッキあり

・**特1等室（デラックス）　4万9390円**
定員3名／シングルベッド／バス・トイレ・テレビ・冷蔵庫・空気清浄機・コンセントあり

・**1等室　4万7880円**
定員2名／シングルベッド／テレビ・コンセントあり

・**特2等寝台　3万4580円**
1室あたり10名で共用／上下二段ベッド／テレビ・コンセントあり　※レディースルームあり

・**2等寝台　2万6060円**
1室あたり20名または160名で共用／上下2段ベッド／コンセントあり　※レディースルームあり

・**2等和室　2万2870円**
カーペット敷きの広間／マットレス・上掛け・枕・共用コンセントあり　※レディースルームあり

## ●竹芝桟橋から小笠原までの流れ

竹芝桟橋●

大島
利島
式根島 新島
神津島
三宅島
御蔵島

伊豆諸島

八丈島

ベヨネーズ列岩

須美寿島

鳥島

婦婦岩

西之島

聟島
嫁島
兄島
父島

小笠原諸島

母島

※母島へははじま丸に乗換え

**09:30～10:40頃**
搭乗手続

**11:00**
東京・竹芝桟橋出港

**14:50頃**
伊豆大島の近海を通過

**16:30頃～19:00頃**
夕日が水平線に沈む（※下記参照）

**18:30頃**
八丈島近海を通過

**19:00頃**
船内レストランで夕食

**20:00頃**
デッキから星空鑑賞

**22:00**
消灯

**翌04:30頃～07:00頃**
水平線から朝日が昇る（※下記参照）

**翌07:00**
起床
展望ラウンジで朝食

**翌09:00頃**
聟島の近海を通過

**翌11:00**
父島・二見港到着

おがさわら丸 早分かりガイド

| 月別　日出没情報 | | |
|---|---|---|
| 月日 | 日出 | 日没 |
| 1月1日 | 06:44 | 16:44 |
| 2月1日 | 06:36 | 17:12 |
| 3月1日 | 06:08 | 17:37 |
| 4月1日 | 05:28 | 18:00 |
| 5月1日 | 04:53 | 18:22 |
| 6月1日 | 04:32 | 18:44 |
| 7月1日 | 04:35 | 18:53 |
| 8月1日 | 04:54 | 18:40 |
| 9月1日 | 05:15 | 18:06 |
| 10月1日 | 05:35 | 17:26 |
| 11月1日 | 05:59 | 16:49 |
| 12月1日 | 06:25 | 16:33 |

※時刻はいずれも八丈島のもの

好みに合わせた理想の旅程を

# タイプ別モデルプラン

※「○航海」については、p122のQ2参照

## ①王道コース（1航海）

**1日目**
- 11:00　竹芝桟橋／発
  ▼おがさわら丸

**2日目**
- 11:00　父島・二見港／着
- 午後　半日ツアーに参加（海況を見て海・陸を選択）
  ▼

**3・4日目**
- 日中は海系ツアーやトレッキング。夜はナイトツアーに参加

**5日目**
- 午前中　半日ツアーに参加（海況を見て海・陸を選択）

- 午後　父島でおみやげ購入
- 15:30　父島・二見港／発
  ▼おがさわら丸

**6日目**
- 15:30　東京・竹芝桟橋着

> **POINT　半日ツアーについて**
> 小笠原の海系ツアーには半日ツアーと1日ツアーがあるが、前者はおがさわら丸入港日の午後と、出港日の午前中のみ行う業者も多い。限られた滞在期間で島旅を満喫するために、上手に利用したい。

## ②無人島コース（1航海）

**1日目**
- 11:00　竹芝桟橋／発
  ▼おがさわら丸

**2日目**
- 11:00　父島・二見港／着
- 午後　南島への半日ツアーに参加

**3・4日目**
- 海況の良い日にケータ島への1日ツアーに参加

**5日目**
- 午前中　南島への半日ツアー予備日（2日目に上陸できた場合は別のツアーへ）

- 午後　父島でおみやげ購入
- 15:30　父島・二見港／発
  ▼おがさわら丸

**6日目**
- 15:30　東京・竹芝桟橋着

> **POINT　海or陸ツアーの賢い選択術**
>
> ナイトツアー以外の陸上ツアーは、よほどの荒天でない限り中止にはならないが、海系は海況によっては数日連続で中止となることも。事前に情報収集した上で、まずは海系優先で計画を立てるとよい。

## ③母島コース（1航海）

**1日目**
11:00　竹芝桟橋／発
▼おがさわら丸

**2日目**
11:00　父島・二見港／着
12:00　父島・二見港／発
▼ははじま丸
14:00　母島・沖港／着
午後　トレッキングやバードウォッチングなど
▼

**3・4日目**
海系・陸系ツアーや、シュノーケリングなど
▼

**5日目**
午前中　半日ツアーや島内めぐりなど

12:00　母島・沖港／発
▼ははじま丸
14:00　父島・二見港／着
15:30　父島・二見港／発
▼おがさわら丸

**6日目**
15:30　東京・竹芝桟橋着

**POINT　母島へ行く旅程の組み方**
ははじま丸は1日1便、往復の日も片道のみの日もあり、かつ休航日もあるため、1航海では少し利用しづらい。おがさわら丸が入港した日は必ず接続するようになっているので、母島へ行くのなら父島到着後すぐがスムーズに移動できる。

※1航海での母島のモデルプランはp.151でも紹介

## ④父島＆母島コース（2航海）

**1日目**　11:00　竹芝桟橋／発
▼おがさわら丸

**2日目**　11:00　父島・二見港／着
　　　　12:00　父島・二見港／発
▼ははじま丸
　　　　14:00　母島・沖港／着
▼

**3・4日目**
母島でトレッキング・シュノーケリングなど
▼

**5日目**　12:00　母島・沖港／発
▼ははじま丸
　　　　14:00　父島・沖港／着
　　　　午後　おがさわら丸出港の見送りに参加

**6～8日目**　父島でシュノーケリングや陸系ツアー。夜はナイトツアーに参加

▼

**9～10日目**　父島で海系ツアーやシュノーケリング

**11日目**　午前中　半日ツアーに参加（海況を見て海・陸を選択）
　　　　午後　父島でおみやげ購入
　　　　15:30　父島・二見港／発
▼おがさわら丸

**12日目**　15:30　東京・竹芝桟橋着

**POINT　おがさわら丸の見送りとは**
出港時の名物が、ド派手な見送り。おがさわら丸が二見港を出発すると、ツアー業者のクルージング船が後を追ってきて、最後は手を振りながら海へとジャンプ!!　2航海以上なら一般観光客でも島の人と一緒に参加できる。

ちちじま　　　地図　　　p.5

# 父島

### エリアの魅力

絶景
★★★★

アクティビティ
★★★★★

温泉
なし

島の味覚
★★★

アクセス難易度
★★★★

### 観光の問い合わせ

小笠原村観光協会
☎04998-2-2587

### 交通の問い合わせ

■路線バス
村営バス営業所
☎04998-2-3988
■レンタカー
小笠原整備工場レンタカー
☎04998-2-2626
8:00〜18:00／不定休
24時間まで7300円〜、
以後1日ごと5800円〜
ササモクレンタカー
☎04998-2-2987
8:00〜18:00／おがさわら丸出航翌日定休
24時間7000円〜、
以後1日ごと5500円〜
■タクシー・レンタサイクル・レンタバイク
小笠原観光
☎04998-2-3311

### 荷物を送る

小笠原郵便局（☎04998-2-2101）ではゆうパックを出港日朝10時まで受付。おがさわら丸船客待合所では出港日朝9時30分〜11時まで宅急便を受け付ける

**亜熱帯の動植物と青い海が迎えてくれる**

　東京・竹芝桟橋から南へ約1000km。24時間の船旅を終え、二見港に降り立つと、あふれるほどの陽光が旅人を出迎える。小笠原諸島の中心であるこの島は、面積約24k㎡、人口は2158人（2017年8月現在）。亜熱帯の大自然をめいっぱい体感したい。

## はじめの一歩

　宿に予約を入れておけば、船が港へ到着する頃迎えに来てくれる。宿の人が看板を持って立っているので、二見港でおがさわら丸を下船したら自分の宿の看板を探そう。なお、小笠原村では条例によりキャンプが禁止されている。

## 島内の交通

　島内の移動手段は、バス、タクシー、レンタカー、レンタバイク（1日1800円〜）、レンタサイクル（1日1500円〜）がある。観光用タクシーは、貸切りの中型（4人乗り）2時間で1万1200円。

　村営バスは大体1時間に1本の運行。大村中心地〜小港海岸を含む二路線があり、中心地以外は乗降フリー。料金は1回の乗車で200円（1日乗降自由乗車券500円もある）。最新の時刻表は村営バス営業所または観光協会で手に入る。

イルカと友達になれるかも!?
# ドルフィンスイム

コミュニケーションがとれることも

小笠原は奇跡の海。野生のイルカと泳ぐことができる。ただし、もちろん"運がよければ"だ。主導権はあくまでもイルカにある。イルカとヒトのいい関係を保つために、無理に追いかけたり、触ろうとするのはやめよう。

## 充実したツアーにするために

●ショップの探し方＆選び方

　島の観光協会に行けば、ドルフィンウォッチ＆スイムを行っているショップの一覧表がある。父島はショップの数も多いので、一覧には各ショップの特徴も記されている。中にはイルカの生態にとても詳しく、ホームページ上でツアーの様子を紹介しているショップもある。そういったショップはイルカとの遭遇率も高いのでおすすめ。

　また小笠原村観光協会のHPでは各ショップの予約状況が一覧表で分かるようになっている。ただし、海の状況によっては予約を入れていてもツアーが催行できない場合があるので注意が必要。

●パパヤマリンスポーツ
♪04998-2-2377
半日5000円〜、1日1万円〜
●父島観光クルーズボート
ピンクドルフィン
♪080-8849-7307
半日6000円、1日1万1000円
●シータック
♪04998-2-2277
1日1万1500円、繁忙期1万2500円。
※いずれもホエールウォッチングのツアーあり

●ツアー当日の流れ

　当日はだいたい午前8時半〜9時前後にショップが宿に迎えに来る（集合場所に集まる場合も。要確認）。出かける前に水着を着ておこう。
　海に入る前に、スタッフがイルカと出合ったときの泳ぎ方や注意点をレクチャーしてくれる。

●イルカに出合ったときの注意点

❶イルカを見つけても慌てて騒がないこと。近くで泳げそうなときはスタッフが海に入るタイミングを教えてくれるので指示を待とう。海に入るときは、水しぶきをたてないよう、滑り込むようにして入るのが、イルカを驚かせないコツ。

❷イルカが目の前に現れても、追いかけたり触ったりしないように。手を使わず、ゆっくりと大きな動作で泳ぐとよい。イルカのほうから人間に近づいてくることも。

**ドルフィンスイムの持ち物**
●必須
・3点セット（水中マスク、フィン、シュノーケル）
・日焼け止め、タオル
●あると便利
・カメラ（防水タイプなら水中撮影も可）
・防水バッグ
・サングラス
・帽子
体験できる期間
通年（海が荒れる冬場はあまりおすすめしない）

TEKU TEKU COLUMN

**小笠原で出合えるイルカたち**

▶ミナミハンドウイルカ
　（ミナミバンドウイルカ）
　水中で観察できるのはこの種類。小笠原沿岸で見られるミナミハンドウイルカは、通常のハンドウイルカよりサイズが小さい。

▶ハシナガイルカ
　クチバシ部が長い。ボートのへさきに現れ伴走したり、見事な回転ジャンプを見せてくれるのはこのイルカ。

▶マダライルカ
　名前の通り、体に小さなまだら模様があるイルカ。外洋で出合うことが多い。小笠原ではマッコウクジラのウォッチングの時にしばしば見ることができる。

ドルフィンスイム

ダイナミックなジャンプにビックリ!!
# ホエールウォッチング

小笠原では主に2種類のクジラが見られる。12月後半から5月前半にかけて来遊するザトウクジラと、小笠原近海で通年暮らすマッコウクジラだ。特にザトウクジラは、ブリーチングなどアクティブなパフォーマンスが見られることも。

大迫力の姿に感動!

## 大迫力の姿に感動!

●小笠原で見られるクジラの特徴

　ザトウクジラは体長が13〜14m、体重は約30トンもある。彼らは夏の間、北の海で暮らし、冬になると小笠原やハワイ、沖縄のケラマ諸島近海に繁殖のためにやってくる。繁殖活動をしている間、彼らは何も食べない。出産し、子育てを終えて再び北に帰るまで、餌を捕ることはないといわれている。

　マッコウクジラはザトウクジラにくらべると外洋、しかも水深1000mを超す海で見られることが多い。小笠原海域によく現れるのは、体長10〜12mのメスとその子どもたちだ。オスは体長16〜17mにもなるが、あまり姿を見せない。マッコウクジラはハクジラの仲間なので、ヒゲクジラの仲間であるザトウクジラのようなジャンプなど派手な行動はあまりしないが、水面に群れで浮かんでいる様子を見ることができる。深いところまで潜水するクジラで、通常40分ほど潜っている。

● ツアーに参加してみよう

　ザトウクジラのシーズン（2〜4月）の海上はかなり寒いので、しっかり防寒し、上から防水のボートコートを着るといい。また滑りやすい靴やハイヒールは避けよう。船上ではスタッフがクジラについての情報や、船内での注意点を教えてくれる。

　沖へ出ると、ブロー（噴気）を目印にクジラ探し開始。見つかるとスタッフが方向を教えてくれる。ウォッチングに慣れている人は双眼鏡があると便利だが、慣れていない人は船酔いの原因にもなるので使わないほうが無難だ。運が良ければ、ブリーチングが見られることも（マッコウクジラも時おりブリーチングする）。ツアーの申し込みはp.130のショップリスト参照。マッコウクジラは島から10〜30km程度の沖合で通年見られるが、12〜2月は海が荒れやすく、ツアー催行できないことも多いので要注意。

## ザトウクジラの代表的な行動

↑テールスラップ
…尾ビレで水面を力強く叩くしぐさ。

〈その他の行動〉
ペダンクルスラップ…体の後部を水面上に持ち上げ、振り下ろす。

→ブロー…噴気孔から出す噴気。水蒸気のように水面に立ち上り、すぐに消えないので、これを目印にザトウクジラを探すことができる。

←ペックスラップ…胸ビレで水面を叩く。

スパイホップ…水面から顔を出し、周囲を眺める行動。自分のいる位置を確認するためといわれる。

ホエールウォッチング

## 情報収集は小笠原ホエールウォッチング協会へ

　1989（平成元）年に、ホエールウォッチングに関する情報提供や教育普及、鯨類の生態調査・研究、教育・普及活動などを目的に設立された小笠原ホエールウォッチング協会は、ぜひ訪れたいイルカ・クジラの情報ステーション。イルカ・クジラについて知りたいことがあったらまずこちらへ行こう。研究員や職員が丁寧に答えてくれる。

　また会員になると、会報が年3回届き、年明けからゴールデンウィーク前までと、9〜12月のおがさわら丸2等料金が割引になる。また宿泊施設（協力店のみ、期間限定）やみやげ物店の割引などといった特典が受けられる。施設にはイルカやクジラに関する資料や雑誌もおいてあり、自由に閲覧できるので、雨の日を過ごすにもいい。

♪04998-2-3215
二見港から🚶5分（小笠原村役場向かい）
🕐8:00〜12:00、13:30〜17:00
🚫不定

**自分の好きなアクティビティが選べる！**

小笠原の海に溶ける！

# マリンスポーツ

やっぱり小笠原に来たら果てしなく青い海に飛び込んでみたいもの。父島には海を楽しむための各種メニューが揃っている。

## スキューバダイビング

　本格的なスキューバダイビングは、指導団体の講習終了カード（Cカード）を持っていないと楽しめないが、未経験の人にぜひおすすめしたいのが体験ダイビングだ。少人数制で、器材はレンタルできるので、必要な物は水着とタオルのみ。少人数で催行することが多く、インストラクターが器材の使い方から水中での注意点など、丁寧に指導してくれるので、初めてでも安心して参加できる。

　水面下で見る海の世界は感動的。ユウゼンをはじめとして、ツバメウオ、フエヤッコダイ、アカハタ、タテジマキンチャクダイなどのカラフルな魚たちやソフトコーラルなどの海洋生物の美しさは、地球の神秘を感じさせるはず。

**持ち物**…器材はすべてダイビングサービスで用意してくれる。出発前に水着を着ておこう。メガネやコンタクトを使用している人は、申し込み時に伝えておくこと。
**シーズン**…通年可能。

## シーカヤック

　父島にはシーカヤック体験ができるショップも豊富。1日コースのほか半日コースもあるので、島を立つ最終日の午前中に楽しむこともできる。まずは浜辺で基本的な操作やカヤックの道具の名前、扱い方を教わり、少し練習した後に出発する。カヤックの魅力は、動力が自力だということ。エンジン音もなく、聞こえるのはカヤックに波が当たる音と風の音だけ。

　陸路からやエンジン付きの船では行けない、小さなビーチに上陸できるのもシーカヤックならでは。小さな洞窟をくぐったり、海からしか行かれない戦時中の防空壕に登ってみたりと、まるで島を探検しているような時間が楽しめる。カヤックならではの角度から小笠原を小笠原をまた違う角度から見ることができるのが大きな楽しみだ。

**持ち物**…水着、あれば3点セット、防水バッグ
**シーズン**…通年可能だが海が荒れているときは不可

# シュノーケリング

お気に入りのシュノーケリングポイントを探してみよう。ただし、立ち入り禁止の海岸や漁港には入らないように要注意。

**持ち物**…水着、3点セット、マリンシューズ、グローブ、あればウェットスーツ
**シーズン**…通年可能

水中マスク、シュノーケル、フィンを合わせて3点セットと呼ぶ。これさえあれば、どこでもシュノーケリングを楽しむことができる。水着のみで行う場合、サンゴなどで体を傷つけないよう充分注意を払うこと(毒のあるサンゴも棲息している)。思わぬ大怪我をすることもあるので、軍手などをはめて手をカバーしよう。

父島では島の東側を中心に、いたるところにシュノーケリングポイントがある。境浦では沈船の中を泳ぐ魚、製氷海岸では一面に広がる枝サンゴなど、場所によってさまざまな海中風景を楽しむことができる。

 ショップ情報

〈スキューバダイビング〉
●**ダイビングサービスKAIZIN**
℡04998-2-2797／体験ダイビング1万6200円〜、2ボートダイブ1万8000円〜／しっかりしたサービスに定評あり
●**小笠原ダイビングセンター**
℡04998-2-2021／体験ダイビング1万6200円〜、2ボートダイブ1万4148円〜(季節により変動あり)／学生割引あり
●**パパスダイビングスタジオ**
℡04998-2-2373／体験ダイビング1万6200円〜、2ボートダイブ1万4580円〜(通常期)／島内でも大きなダイビングボートを所有
●**エスコート**
℡04998-2-3824／体験ダイビング1万8900円〜、2ボートダイブ1万4580円〜／ドルフィンスイムも可能

〈シーカヤック〉
●**プーランプーランシーカヤッククラブ**
℡04998-2-3386／1日9000円、半日5000円
●**自然体験ガイド・ソルマル**
℡04998-2-3773／1日1万円、半日6000円

行かなきゃ損！

無人島散策＆絶景を堪能！
# 南島遊覧ツアー

数あるアクティビティツアーの中で最も王道と言えるのが、イルカやクジラの観察と南島(みなみじま)上陸がセットになっているツアー。小笠原ならではの自然をたっぷりと満喫したい。

## 絶景と固有種の宝庫・南島へ

小笠原の中でも特に美しい自然景勝を残しているのが、父島の南西1kmの位置にある無人島・南島（地図p.127-E）。国の天然記念物にも指定されているこの島は、海鳥やウミガメの産卵地であり、貴重な生き物が多く生息している。1日に上陸できる人数は100人まで、上陸時間は2時間以内といったルールを設け環境を守っている。東京都認定のガイドが同行しないと上陸できないため、各ショップのツアーに参加する必要がある。なお、南島上陸だけでなく、ホエールウォッチングやドルフィンスイムなどと併せて行程が組まれたツアーが多い。サンゴの美しい兄島の海域公園にも立ち寄るツアーは特におすすめだ。

ショップによっては1日または半日の行程でツアーを催行しているので申し込み時に確認しよう。また、料金に含まれるものや、用意しておくもの（弁当など）についても事前に聞いておくといい。

## ツアーの流れ

ツアーを行うショップの船が父島・二見港を出港後、父島周辺の海をめぐりながらドルフィンスイム（p.130参照）やホエールウォッチング（p.132参照）を楽しむ。

南島の東尾根から望む扇池

その後いよいよ絶景の南島へ。南島とその周囲の岩は隆起サンゴ礁。雨などで浸食されたのち、海に沈んだ「沈水カルスト」と呼ばれる地形で、独特な景観を生み出している。南島には桟橋が無いため、上陸するときは船の先から岩の上へ降り立つ。ショップや時期によっては泳いで上陸する場合もある。鮫池（さめいけ）というポイントから岩場の階段を上って入島するが、その際、外来種などを持ち込まないよう靴裏の付着物を洗い流してから入島しよう。

島には扇池（おうぎいけ）と、陰陽池（おんみょういけ）の2つの池があり、鮫池からその2つの池へ行ける遊歩道が伸びている。遊歩道ではところどころにラピエと呼ばれる尖った石灰岩の石柱が見られる。また、春先なら小笠原の固有種・オオハマボッスの花も見られる。

やがて右手に見えてくる扇池は、眩しい白砂と扇形をしたブルーの入江とのコントラストがとにかく美しい。また、扇池からさらに奥の陰陽池へ向かう浜には、約1000年以上も前に絶滅したとされるヒロベソカタマイマイの半化石が散らばっている。これも小笠原の固有種で、持ち出しは厳禁だ。

遊歩道の最奥部にある陰陽池は、鍾乳洞が陥没してできた、「ドリーネ」と呼ばれる窪地に水がたまってできたもの。鮫池や扇池も同じようにしてできたとされる。陰陽池は海に面していないが、淡水と海水が混じった汽水池であるところもおもしろい。

オオハマボッスの花

ヒロベソカタマイマイの半化石

陰陽池。水中に見えるカワツルモは絶滅危惧種

### TEKU TEKU COLUMN

**南島遊覧ツアー参加時の注意**

南島はかけがえのない自然が息づく場所。ルールをしっかりと守って、南島の美しい自然を堪能しよう。

- 東京都認定の自然ガイドの指示に従う
- 指定された散策経路以外は立入禁止
- 1日あたりの上陸可能人数は最大100人
- 最大上陸時間は2時間
- 動植物、木片類、石など自然に存在するものはそのままの状態に
- 動植物や種子など移入種を持ち込まない
- 11月〜2月上旬頃（一部期間を除く）は、島内環境保全のため南島への上陸が不可。扇池でのシュノーケリングは可。

※南島も含め小笠原の自然を楽しむ上でのルールについては「小笠原ルールブック」に記載されている。観光協会で入手できるほか、小笠原村観光協会のHP（http://www.ogasawaramura.com/dpanf.html）でも閲覧できる。

↑扇池付近には真っ白な砂浜が広がる
→船が入る鮫池

**ショップ情報**
●パパヤマリンスポーツ
♪04998-2-2377／半日5000円〜、1日1万円〜
※その他のツアー会社については、小笠原村観光協会のHP（http://www.ogasawaramura.com）などを確認。

南島遊覧ツアー

## 固有種はじめ希少種が大集合
# 海と山の いきもの図鑑

小笠原で独自に進化！

### タコノキ（固有種）
*Pandanus boninensis*

小笠原の山に多く見られるタコノキは、沖縄や奄美に自生するアダンの近縁種。小笠原では古くからこの葉を利用して、カゴや帽子など細工物を作っている。

### メグロ（固有種）
*Apalopteron familiare*

ミツスイ科。目の下に三角の黒い模様があるのが特徴。母島やその属島にしか棲息しない。稀少種だが、母島では集落内でも比較的簡単に見ることができる。

### ユウゼン
*Chaetodon daedalma*

日本固有種のチョウチョウウオ科の魚。小笠原では3月から5月初旬ぐらいまでの間、繁殖のためにユウゼン玉と呼ばれる巨大な群れを作る。

### ムニンノボタン（固有種）
*Melastoma tetramerum*

ノボタン科の植物で、父島にしか自生しない。絶滅が危惧されたため、東大小石川植物園で保護・増殖ののち植え戻しが行われている。7月ごろ白い花を咲かせる。

### シロワニ／サンドタイガーシャーク
*Carcharias Taurus*

世界中の温帯〜熱帯域の海に棲息する大型のサメ（全長約3m）。父島の南、丸縁湾や、ケータ列島北の島などのダイビングスポットで見かける。性質はおとなしい。

### アオウミガメ *Chelonia mydas*

太平洋からインド洋にかけて棲息する。小笠原は、日本最大のアオウミガメ産卵地。3月から5月にかけて海面で繁殖行動が見られ、5月から8月ぐらいまで、小笠原諸島のあちこちのビーチで産卵を行う。写真は産卵巣を掘っているか、産卵後に埋め戻しているところ。

## 小笠原にはなぜ固有種が多いの？

　世界でそこにしか棲息しない生物を「固有種」というが、小笠原では自生する約300種の植物のうち約40％が固有種であり、樹木ではその割合は約70％にもなる。また、陸産貝類（カタツムリの仲間）は約90％が固有種だ。

　固有種が豊富な環境というと、思い出すのはダーウィンの進化論で有名なガラパゴス諸島。実は、小笠原はガラパゴスと同じ「海洋島」なのだ。

　海洋島とは、島の成立以来、大洋中に孤立して存在し、一度も周辺の大陸と地続きになっていない島のこと。海洋島の生態系は、海流に乗ってやってきた生物、飛来してきた生物など、偶然この遠い島にたどり着けた生物だけでつくられているので種が少ないということが特徴だ。そして、それらが島の環境に適応していく過程で進化を遂げて、独特の種、つまり固有種となった。小笠原が「進化の実験場」とも呼ばれる理由はこのような環境にもある。

　海洋島の生物は激しい生存競争を経ていない。外来種が入り込むとあっという間にはびこり、固有の自然を圧迫し壊してしまう。観光するときは、植物の種を持ち込んだり、稀少な生物が棲息している場所に踏み込んだりといった、環境にインパクトを与える行為をしないよう充分注意しよう。

**ムニンヒメツバキ**（固有種）
*Schima mertensiana*
　ツバキ科の植物で、小笠原村の花。島ではロースードとも呼ばれる。これは欧米系の住民が白い花を見て「ローズウッド」と名付けたのが訛ったといわれている。初夏に花を咲かせ、山のあちこちで白い点々が撒かれたように花が見られる。

**オガサワラオオコウモリ**（固有種）
*Pteropus pselaphon*
　小笠原の固有種唯一のほ乳類。目と嗅覚を使って飛行し、果物などを好んで食べるフルーツバットの仲間。夕方になると、ねぐらから餌を求めて飛び立つ姿が見られることもある。冬の間は、ねぐらで何匹もが集まってボールのようになっていることがある。

**マルハチ**（固有種）
*Cyathea mertensiana*
　ヘゴ科の木性シダ植物で、小笠原の山で広く見られる。葉が落ちた後、幹にできる模様が漢数字の八を逆にしたように見えるのでこの名がある。

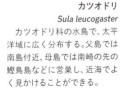

**カツオドリ**
*Sula leucogaster*
　カツオドリ科の水鳥で、太平洋域に広く分布する。父島では南島付近、母島では南崎の先の鰹鳥島などに営巣し、近海でよく見かけることができる。

**ハハジマノボタン**（固有種）
*Melastoma tetramerum* var.*pentapetalum*
　ムニンノボタンの変種で、母島にしか自生しない。7月ごろ5弁でピンク色の花を咲かせる。乳房山山頂近辺でその群落を見ることができる。

**森の自然と歴史を知ろう！**

小笠原は陸も魅力いっぱい！
# トレッキングツアー

小笠原には固有の動植物が多く生息し、森の中を歩くのも実に興味深いもの。ただし、場所によってはガイドが同行しないと入れないエリアもあるのでツアーに参加して小笠原の自然をより深く知りながら歩いてみたい。

## 奇岩・千尋岩の上に立つ 〈ハートロックコース〉

　父島を代表する森のツアーのひとつが、千尋岩(ちひろいわ)への1日コース(林野庁の許可を持つガイドの同行が必要)。父島の南端にある千尋岩、通称ハートロックの絶壁の上が目的地で、かつて軍道だった道を歩く。

　起点の小港海岸駐車場を後に、森林生態系保護地域入口から沢筋の旧道を登る。かつてはトラックなどが通れたが、戦後は放置されて、自然に戻りかけている。里に近いため、ホナガソウやセイロンベンケイ、ギンネムなどの外来種が沿道に見られる。

　やや高台に出たところで展望が開け、深い森が続く谷を遠望する。直下に細く流れ落ちる常世(とこよ)の滝は、1862（文久2）年に外国奉行の水野忠徳(みずのただのり)一行が、咸臨丸(かんりんまる)で来島・調査した際に名付けた滝だ。

　森に入ると小笠原の固有種の植物が見えはじめる。シマホルトの赤い葉、ヒメツバキの白い花のほか、固有種では数少ない落葉樹アコウザンショウなど。森の中ではオガサワラヒヨドリやハシナガウグイスの声、空が開けたところでは、オガサワラノスリが旋回する姿など、固有亜種の鳥類を見かけることも。

↓ハートロック（千尋岩）上部を歩く

↑足元でひっそりと生きる固有種・シマウツボ

↑ムニンヒメツバキの花

↑海から見たハートロック

↓奥に浮かぶ島が南島

クルマの廃車体や錆びたドラム缶など、軍の関係施設の遺構を通過し、標高298mの衝立山(ついたて)付近に来ると軍のレーダー受信設備跡が現れる。そのまま先へ進み森を抜けると視界が開ける。

赤茶色のハートロックから南崎、南島方面の展望が左右に続く、見事なパノラマだ。さらに下って森の中の平坦な道を抜けると、目的地のハートロック上へと出る。

赤土が広がる崖の上に立つと、右直下には円縁湾(まるべり)のエメラルドの海が見下ろせ、南崎へと岩礁が続く奥に南島が細長く浮かんでいる。背後は父島南部に連なる山々と、緑の深い樹林。父島の海と山林の絶景がともに見渡せる、島屈指の展望地だ。

## 森の中に眠る戦争の爪跡 〈父島の戦跡ツアー〉

←↑陣地や武器は壕内に多く設置されている。壕の大きさは大小様々で、通路でつながるものも

小笠原は第二次世界大戦中、島全体が軍事要塞化されたため、現在も島内のいたるところに戦跡が残っている。二見港の周辺や三日月山など、市街地や道路から近く手軽に見られるものもあるが、陣地跡や砲台、壕など大規模な遺構が多く残る山中へは、ガイドと一緒でないと行けない。

戦跡が特に集中しているのが夜明山の周辺で、高射砲や軽火砲といった兵器のほか、陣地跡には海軍が使用していたと思われる食器や瓶なども残されている。日本軍のもののみならず、墜落した飛行機の残骸などアメリカ軍関係の遺構もある。

## 自然と生物の神秘を見る 〈ナイトツアー〉

オガサワラオオコウモリやグリーンペペといった、夜に見られる生物を観察するツアー。オガサワラオオコウモリは、夕方にねぐらから飛び立ち、餌場で摂餌する様子が見られる。希少生物のため驚かさないよう、離れて観察すること。グリーンペペは5〜11月の雨上がりに光る様子が見られる。

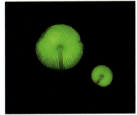
←闇夜で緑色に光るグリーンペペの大きさは爪の先くらい

●マルベリー
♪04998-2-3423/「ハートロックコース」1日ツアー9000円、半日ツアー5000円、ナイトツアー4000円/
http://ogasawara-mulberry.com/index.htm
●ボニンブルーシマ
♪04998-2-2181、携帯♪090-4968-1258/
1日ツアー8000円、半日ツアー5000円、ナイトツアー3500円/
http://www.d3.dion.ne.jp/~k_shima/

### HINT 小笠原の自然を深く知るには

『てくてく歩き ネイチャーガイドと歩く小笠原』(小社刊/900円+税)では、小笠原の自然の魅力を現地ガイドがていねいに解説している。マリンアクティビティはもちろん、父島・母島のトレッキングルートも詳しく案内。

## 見る&歩く

### 小笠原ビジターセンター
おがさわらびじたーせんたー

地図p.143-C
二見港から🚶5分

初めての小笠原なら、まずはここからスタートを。模型やマルチスライドなどで、歴史と自然などを総合的に紹介している。

📞 04998-2-3001
🕐 8:30〜17:00
🚫 おがさわら丸出港中(シーズン中無休)
🅿 あり

### 小笠原海洋センター
おがさわらかいようせんたー

地図p.129-A
二見港から🚶30分

アオウミガメ・ザトウクジラの調査・研究・保全活動を行う施設。ウミガメを見て触れて学ぶ体験学習「ウミガメ教室」(3240円〜)や「放流体験」(5400円)を開催している(要予約)。館内はアオウミガメとザトウクジラに関するさまざまな展示や、オリジナルグッズの販売もある。

📞 04998-2-2830
🕐 9:00〜12:00、13:30〜16:00
🚫 無休(展示館はおがさわら丸入港中のみ開館)
🅿 あり

## 買う&食べる

### 二見港／郷土料理
### 丸丈
まるじょう

地図p.143-D
二見港から🚶6分

小笠原の新鮮な素材を使った郷土料理が味わえる。シカ

クマメの天ぷら525円や、アオウミガメ料理1050円のほか魚を醤油に漬け込み、和がらしを使用した島寿司も人気。帰路の船で食べられる島寿司のお弁当もある。

📞 04998-2-2030
🕐 11:00〜14:00、18:00〜23:00
🚫 おがさわら丸出港中
¥ 昼1000円〜 夜3000円〜
🅿 あり

### 宮之浜／パン
### ローカルベーカリー

地図p.129-A
二見港から🚶15分

島魚のフィッシュフライサンドや野菜のフォカッチャな

ど、季節ごとの素材を使ったパンが評判。その時々によって仕入れる食材が違うため、ラインナップは都度変わる。レギュラーメニューではベーコンエピー220円などが人気。マーガリンの代わりにピュアバターとオーガニックココナッツオイルを使っている。

📞 04998-2-3145
🕐 9:00〜17:00
🚫 月・火曜 🅿 なし

## 二見港／レストラン
### ボニーナ

地図p.143-D
二見港から🚶1分

二見湾の青い海を見渡せるテラスが気持ちいいレストラン。島の素材を使った料理を中心に、幅広いジャンルのメニューが揃う。島魚を数種類合わせて甘めの醤油だれでヅケにし、海藻とともにご飯に盛られたポキ丼1000円などが人気。日本酒や焼酎の種類も豊富だ。

📞 04998-2-3027
🕐 18:00～24:00
 （おがさわら丸入出港日は11:30～13:30も営業）
🚫 おがさわら丸出港翌日
💴 昼850円～　夜850円～
🅿 なし（港の🅿を利用）

## 二見港／レストラン
### チャーリーブラウン

地図p.143-C
二見港から🚶7分

ウッディな造りがおしゃれなダイニングレストラン。島

の素材を使った鉄板焼や創作料理が味わえる。脂がのったメカジキのステーキ1050円はボリューム満点で人気の一品。創業以来変わらぬ味のオリジナルハンバーグ1300円などもおすすめだ。

📞 04998-2-3210
🕐 17:00～24:00
🚫 不定
💴 夜2000円～
🅿 あり

大村・二見　1:8,400

143

## 泊まる

### 父島・宮之浜／ペンション
### クレセント

地図p.143-B
二見港から🚢15分(送迎あり)

中心地から少し離れた、閑静な宮之浜地区にある宿。全室にバス・トイレが完備され、部屋からの眺めもいい。食事は朝食のみで、島の素材を取り入れた料理を提供。日替わりで和・洋とメニューが替わる。

- ☎04998-2-2653
- ¥(1泊朝食付) 8400円〜、繁忙期9450円〜
- ℹ開業1996年／6室／HPあり

### 父島・大村／民宿
### ウエスト

地図p.143-C
二見港から🚢6分

道を越えればすぐ大村海岸。夕食は島の魚の刺身。そのほかの料理も島の素材を使用するなどといった心配りも嬉しい。2015(平成27)年3月、向かいに新館ウエストアネックスがオープンした。

- ☎04998-2-2573
- ¥(1泊2食付) 7800円〜、正月8800円〜
- ℹ開業1987年／5室／HPあり

### 父島・大村／ユースホステル
### 小笠原ユースホステル
おがさわらゆーすほすてる

地図p.143-C
二見港から🚢6分

比較的リーズナブルな料金なので長期滞在者にもおすすめ。男女別の2段ベット使用の相部屋。島のものにこだわった食事は、長く滞在しても飽きない味で、ボリュームも満点。出港前日にはパーティーが開催され、盛り上がる。

- ☎04998-2-2692
- ¥(1泊2食付) 会員5410円〜、非会員6010円〜
- ℹ開業1980年(改装1992年)／男性用2、女性用1、和室1で定員は27名／HPあり

### 父島・大村／コテージ
### パパスアイランドリゾート

地図p.143-C
二見港から🚢6分

部屋はツインとファミリールームの2タイプ。室内はカナダから取り寄せたウッディな家具が並び、全室バス・トイレ付き。客室前のテラスでくつろぎながら、夕日や星空を眺めるのもいい。ダイビングショップも併設している。

- ☎04998-2-2373
- ¥(1泊朝食付) 1万800円〜、年末年始1万1880円〜
- ℹ開業1999年／10室／HPあり

### 父島・大村／ペンション
### キャベツビーチ

地図p.143-C
二見港から🚢6分

島の中心部にある宿。海の色のような青い外観が目をひく。ツインルームが中心となっているが、女性一人でもOK。ウッドデッキがありテーブルやイスも置かれているので風にあたりながらのんびりできる。

- ☎04998-2-3136
- ¥(1泊朝食付) 9450円〜、繁忙期1万500円〜
- ℹ開業1989年／11室／HPなし

※2名1室利用(一人あたり)の料金を掲載

### 父島・大村／ゲストハウス
## Bamboo Inn
ばんぶー いん

地図p.143-D
二見港から🛥4分

　町の中心部にあり、ビーチまで徒歩2分、商店まで徒歩1分と観光の拠点に便利なゲストハウス。各部屋にはトイレ、バス、キッチン、エアコンなど設備が充実。ドルフィンスイムのツアーも実施している。希望すれば、島の食材を使った朝食1500円も。

- 📞 04998-2-2503
- 💴 朝食1500円（素泊まり）ツイン、シングル共7000円〜
- ℹ️ 開業2006年／5室／HPあり

### 父島・宮之浜／ペンション
## フィッシュアイ

地図p.129-A
二見港から🛥12分

　ダイビングショップも併設しているペンション。大型ハイビジョンモニターでオーナーが撮りためた小笠原の映像やテレビ番組の小笠原特集を楽しめる。屋上に出れば静寂の中でスターウォッチングも

できる。小笠原の自然に浸れる宿。夕・朝食は島の野菜や果物、魚をふんだんに使用。朝食は和洋日替りだ。

- 📞 04998-2-3421
- 💴 (1泊2食付)…8500円〜、正月9000円〜
- ℹ️ 開業1998年／5室／HPあり

### 父島・扇浦／ホテル
## ホテル ホライズン

地図p.129-D
二見港から🚗7分

　南欧風のリゾートホテル。天皇陛下が行幸の折に泊まられたことでも有名。名前の通り、デラックスルームやスイートルームからは水平線が見える。自慢の食事は島の素材を使ったコース料理になっている。夏限定のホテルガーデンで楽しむサンセットBBQも人気がある。優雅な気分で過ごせ、カップルにもおすすめだ。

- 📞 04998-2-3350
- 💴 (1泊2食付)1万9440円〜、繁忙期2万1600円〜
- ℹ️ 開業1993年／14室／HPあり

### 父島・大村／ペンション
## 境浦ファミリー
さかいうらふぁみりー

地図p.129-D
二見港から🚗5分

　いつも賑わっている人気の宿。自家製の塩や野菜、その日

とれた魚を使った食事もリピーターが増える理由。テラスからは夕日も見え、夜には宿泊客の会話で盛り上がるのも楽しみ。

- 📞 04998-2-2530
- 💴 (1泊2食付) 8500円〜、正月1万1000円〜
- ℹ️ 開業1984年／11室／HPあり

### 父島・扇浦／コテージ
## プーランヴィレッジ

地図p.129-C
二見港から🚗15分

　コーヒー山の麓にあり、自然を愛するオーナー自らが建てたログハウスが建ち並ぶ。水とゴミの循環システムを取り入れるなど、環境への配慮も十分。シーカヤックツアーを催行する、プーランプーランシーカヤッククラブも併設している。夏には子供キャンプなどのイベントを開催することも。

- 📞 04998-2-3386
- 💴 自炊3000円〜5000円（宿泊日数により料金設定が替わる）
- ℹ️ 開業1994年／ログ4棟／HPあり

父島

海と砂の色が別世界！

時間を気にせずのんびり
# 父島のビーチ

父島はいたるところにビーチがあり、場所によってはプライベートビーチのような場所も。ツアーと違い、料金はかからないうえ、好きな時間に出かけられる。シュノーケリングや海水浴を楽しもう。

## 中心部から一番近い―大村海岸(おおむらかいがん)

小笠原ビジターセンターからすぐの場所にあり、島の中心部から最もアクセスのいいビーチだ。芝生の広場を抜けると、真っ白な砂浜が目に飛び込んでくる。水は街中のビーチとは思えないほど水は透き通っている。二見港からも近く、最終日も船の出発ギリギリの時間まで泳いでいられる。

地図p.143-C
二見港から🚢6分
トイレ……○　シャワー……○　休憩所……○

## シュノーケリングならここへ―宮之浜(みやのはま)

中心部の反対側にあるシュノーケリングに適したビーチ。兄島瀬戸に面しているので、少し沖へ行けばすぐにサンゴや魚の群れを見ることができる。夢中になって黄色いブイを越えないように注意。瀬戸に近づき過ぎると流れに巻き込まれ流されてしまう。

地図p.129-A
宮之浜入口から🚶10分
トイレ……○　シャワー……×　休憩所……○

## 波静かな穴場スポット―境浦(さかいうら)

中心部から比較的近く、バス停からもすぐ。青く澄んだ湾の中央には、第2次世界大戦次に魚雷攻撃を受けて座礁した貨物船「濱江丸(ひんこうまる)」の残骸が残っている。水中では船の周囲は魚の隠れ家になっていて、シュノーケリングすると多くの熱帯魚に会える。

地図p.129-D
境浦海岸から🚶3分
トイレ……○　シャワー……×　休憩所……○

### 究極のプライベートビーチ―初寝浦
　　　　　　　　　　　　はつねうら

　夜明道路から海に向かって長い遊歩道が続く。その急な階段を30分ほど降りたところにある。よく見ると海岸の砂はやや透き通った緑色をしているものが混ざっていて、ウグイス砂と呼ばれている。シーズン中でも人がいないので、ゆっくり過ごしたい人にはおすすめだ。

地図p.129-D
村役場から🚗で20分、遊歩道から👣30分
トイレ……×　シャワー……×　休憩所……×

### プライベート感覚のビーチ―コペペ海岸

　小港海岸と山一つ隔てた北側にある小さなビーチ。シュノーケリングに最適。シーズン中でも平日ならほとんど訪れる人もないので、プライベートビーチ感覚で過ごせる。

地図p.129-C
🚏扇浦海岸から🚗20分、二見港から🚗15分
トイレ……○　シャワー……×　休憩所……○

### 父島で一番美しい―ジョンビーチ

　ウルトラマリンカラーの海に純白の砂が輝く。父島で一番美しいと言われているのがこのビーチ。小港海岸の手前に入り口があり山道を2時間半歩くと到着する。

地図p.129-E
小港海岸から👣2時間
トイレ……×　シャワー……×　休憩所……×

### 白い砂がまぶしいビーチ―小港海岸
　　　　　　　　　　　　　　こみなとかいがん

　父島で一番大きなビーチ。白砂が美しいビーチだが、湾の左右に行けば岩場もあり、シュノーケリングを楽しむことができる。波も静かで、施設も整っているおすすめビーチ。夜はスターウォッチングにも最適だ。

地図p.129-C
🚏小港海岸から👣すぐ
トイレ……○　休憩所……○　シャワー……○
※シャワーは小港園地(地図p.127-C)にある

###〈その他のビーチ〉
●ジニービーチ　地図p.129-E
　徒歩では上陸できないビーチ。ここへの渡しを目的とした船はないので、船をチャーターするかシーカヤックツアーの途中に寄ることも。

●釣浜　地図p.129-A・B
　小笠原高校の先にある駐車場から浜に下りられる。宮之浜と同じく、兄島瀬戸に面した小さなビーチで、シュノーケリングスポット。沖に出過ぎると流れに巻き込まれることもあるので要注意。

●製氷海岸　地図p.129-A
　付近にかつて製氷工場があったことから名前がついた海岸。海中は枝サンゴの群生地となっており、魚とサンゴの観察が楽しめる場所。
※3つの海岸ともトイレやシャワーはない。

200年前まで全て無人島!!

知れば旅がより深くなる
# 小笠原の歴史

本州から南へ約1000km。太平洋上の絶海の孤島・小笠原諸島。移住者による戦前の繁栄、戦争末期の強制疎開と20数年ぶりの帰島。波乱に満ちた200年を簡単に振り返ってみよう。

## 無人島時代〜最初の定住者

小笠原は1830年代まで定住者がいなかった。しかし、欧米の船乗りにはその存在を知られてはいた。当時、太平洋で捕鯨を行っていた漁船が、食料や水の補給地として小笠原を利用していたからである。

これらの捕鯨船に生活必需品を販売をしようと、1830(天保元)年、欧米系の人々がハワイから船を仕立て、小笠原へ向かった。20数名の一行は一週間かけて小笠原に到着し、そのまま住み着いた。

## 幕末の日本人入植〜昭和初期

1854(安政元)年、開国となったとき、幕府は、小笠原が外国の領土になってしまうことに脅威を感じ、領有権を主張。併せて日本人を送り込み入植させる計画を立て、何度か現地調査を行っている。咸臨丸もアメリカへ行った後、ジョン万次郎を乗せて小笠原へ向かっている。

本格的な入植は1876(明治9)年になってからだが、以後、日本に帰化した欧米系の人々と日本人とは、習慣も言語も異なりつつも協力しあい、コミュニティを形成していった。1887(明治20)年を過ぎる頃には、甘蔗栽培と粗糖生産が基幹産業となり、鰹節製造なども加わり、小笠原諸島全体で5000人近くが暮らしていた。

大正時代になると氷蔵鮮魚輸送も始まり、水産業も活況を呈した。昭和の初期に人口は全島で7000人を超えた。

## 第2次世界大戦〜米軍統治時代

第2次世界大戦が始まり、ミクロネシアの日本軍基地が陥落した後、小笠原は激しい爆撃にあう。サイパン島に米軍が上陸し、小笠原諸島の父島、母島、硫黄島が初空襲を受けると、政府の通告により東京都長官は小笠原諸島の強制疎開を実施した。1945(昭和20)年に日本が敗戦すると、沖縄などと同様、小笠原は米軍の支配下に置かれた。

強制疎開させられた住民は、以後小笠原が日本に返還される1968(昭和43)年まで島に帰ることはできなかった。

## 日本返還〜現在

返還後、島に戻った元住民は想定より少なかったが、同時に南の島に新天地を求めてきた人々が大勢移住してきた。現在、ほかの土地から移住してきた住民の割合は7〜8割ともいわれる。

返還後の有人島は父島と母島のみだが、戦時中までは他の複数の島に人が住んでいた。そのうちのひとつ、智島へはツアーで上陸可能。トーチカなど戦跡とともに、かつての村跡にかまどなどが今も残る。

ははじま　　地図　　p.5

# 母島

### エリアの魅力

絶景
★★★★
アクティビティ
★★
温泉
なし
島の味覚
★★
アクセス難易度
★★★★

### 観光の問い合わせ

母島観光協会
☎04998-3-2300

### 交通の問い合わせ

■ははじま丸
伊豆諸島開発
☎03-3455-3090
■レンタカー
小笠原サービスレンタカー
☎04998-3-7030
■レンタバイク
☎0120-188-887
アンナビーチ母島ユースホステル
☎04998-3-2468

## アオウミガメの遊泳が見られる

　父島の南50kmの洋上に位置する母島は、父島よりも平均気温が高く、緑の色もいっそう濃くなる。残された自然も豊富で、島全体をゆったりとした雰囲気が包んでいる場所だ。人口は470人（2017年8月1日現在）で、集落は沖港の周辺のみ。

### 母島への行き方

　母島へは、父島発の定期船「ははじま丸」で2時間。ははじま丸はおがさわら丸のダイヤに合わせて運航されるが、毎日同じ時間に出航するわけではない。ははじま丸の運航表は、おがさわら丸の運航スケジュールを掲載するパンフレットや、小笠原海運の公式サイトでも紹介されているので、こちらで確認しよう。

### 島内の交通

　公共交通機関はないが、集落内なら徒歩で回れる。離れた観光地へはレンタバイクやレンタカーのほか、観光協会や民宿を通して依頼できる乗り合いタクシー（南崎遊歩道入口まで片道1人500円、北港まで片道1人1100円。いずれも3名以上の場合の1人の料金。ガイド付き島内一周も可）もある。レンタバイクは50ccで1日3000円〜。レンタカーも1軒ある。

### 荷物を送る

農協売店（☎04998-3-2331）で宅急便（おがさわら丸出港前日16時まで受付）、母島簡易郵便局でゆうパック（同前日平日は14時30分、土・日曜祝日は11時まで）を扱う。

母島

## 母島モデルスケジュール

ははじま丸は日によって運航スケジュールが異なるため、旅のプランを立てる際は注意が必要。おがさわら丸が入港してから出航するまでの1航海で母島へ行く場合、以下のスケジュールを組むことができる。

①父島到着日そのまま移動（1泊）…おがさわら丸が父島に入港した日は、通常1時間後の12時にはははじま丸が出港（おがさわら丸が遅れた場合は、おがさわら丸到着後）。母島到着は14時。翌日に父島へ戻る場合は母島14時出港（その後、父島で2泊）。

または先に父島で2泊した後、母島で1泊するパターンも。その場合は7時30分父島発の便に乗って母島へ。

②母島で2泊…2泊した後父島に戻り、最後の1泊を父島で過ごす。この場合は母島発14時のははじま丸で父島へ。

③日帰りの場合…運航表を見ると、おがさわら丸の父島出港前日や入港日前日などで、7時30分父島発、14時母島発という便がある。この運航なら、母島に9時30分に到着後、観光も可能。

④母島のみを楽しむ（3泊）…この場合は帰りの母島出発日に、ははじま丸で12時母島発、14時父島着となる。そのままおがさわら丸の乗船手続きをしてしまえば、15時30分の出港まではおみやげを買う時間に。

### おがさわら丸　ははじま丸の運航について

■おがさわら丸
※運航日は下記サイトを参照
https://www.ogasawarakaiun.co.jp/service/
【往路】父島着11:00
　　　父島に3泊4日停泊
【復路】父島発15:30

■ははじま丸
（所要約2時間）
※運航日・時刻は下記サイトを参照
https://www.ogasawarakaiun.co.jp/service/hahajima.html

## 母島のアクティビティ

母島で唯一のダイビングショップ「ダイブステーション母島」ではダイビング全般のサービスと海遊びツアーを開催している。海遊びツアーではダイバーでなくとも海を感じてもらいたいという思いからホエールウォッチングや無人ビーチ上陸、島周遊、体験ダイビングなどをリクエストベースで行ってくれる。料金は人数・内容等で変わる。メールまたは電話で問い合わせてみよう。母島でのダイビングは上級者に好まれるが、混み合っていないときはビギナーにも対応してくれる。カフェ＆レストラン「キャプテンクック」を併設。脇浜公園内という便利な立地にある。

**ダイブステーション母島**
☎04998-3-2442
沖港から🚶5分　地図p.150-F
⏰8:00〜18:00　休無休
●体験ダイビング：一人2万円。
●2ボートダイブ：1万7000円〜
●ホエールウォッチング：時価
●ボートナイトダイビング：1万5000円〜
※上記の他さまざまなツアーを開催。どんな体験がしたいのか相談してみよう。

## 見る&歩く

### 母島観光協会
ははじまかんこうきょうかい

地図p.152
沖港から🚶すぐ

母島の情報ステーション。観光情報が掲載されたマップなどがもらえる。また、乳房山や小富士に登る前に申込みをして(各300円)、下山時に寄ると、それぞれの「登頂記念証」を発行してくれる。

📞 04998-3-2300
🕐 8:00～12:00、13:00～17:00
㊡ おがさわら丸出港中の土・日曜・祝日は休み
Ⓟ なし(港のⓅを利用)

### ロース記念館
ろーすきねんかん

地図p.152
沖港から🚶10分

ロース石で作られている建物は、甘蔗で砂糖を作っていた大正時代の砂糖の貯蔵庫だったもの。小笠原返還後に農業協同組合母島支店、簡易郵便局を経て、1992(平成4)年に郷土資料館として開館。かつて3000人もの人口を抱え、遊廓まであったといわれる母島の昔の写真や生活用具などが展示されている。タコノハ細工(ブレスレット作り)を体験することもできる(材料費300円／開催日は母島観光協会に確認)。

📞 04998-3-2064
🕐 8:30～16:00
㊡ ははじま丸運休日休 💴 無料
Ⓟ なし

### 乳房山
ちぶさやま

地図p.150-D
沖港から🚶4時間

標高462.6m、父島列島・母島列島最高峰の乳房山には、山頂まで遊歩道が延びている。ここでは、豊富な固有の植物を見ることができる。山頂付近にはハハジマノボタンの群生があり、夏ならピンクの花が見られる。またキクが木になったワダンノキも乳房山で見られる固有種の一つ。山頂からの眺望は絶景だ。沖港から登山口までは徒歩約10分。山頂を回るコースは1周約4時間。

泳いだり登ったり！

母島のビーチ&展望台
# 海と山の絶景を堪能

美しい海岸や展望台へ行きたくなったら島の南側へ行ってみよう。特に南崎遊歩道沿いには白い砂の輝くビーチや迫力ある展望スポットが多く、山の自然も楽しめる。

## 蓬莱根海岸
ほうらいねかいがん

白い砂がまぶしいビーチ。平日ならプライベートビーチ状態のこともしばしば。海岸から少し離れれば美しいサンゴが広がり、シュノーケリングにも最適だ。すぐ沖にある岩を蓬莱根といい、泳いで渡ることもできる。干潮時に磯伝いで歩いて行くときは十分注意が必要。

南崎遊歩道入口から🥾1時間
都道最南端から🥾45分
休憩所……×　トイレ……×

## 脇浜なぎさ公園
わきはまなぎさこうえん

沖港のすぐ横の人工海浜。アオウミガメの産卵スペースもある。

休憩所……○
トイレ……○
シャワー……○

## 小富士
こふじ

母島の展望スポットの中でも特に美しい景色が広がる。南崎や丸島、平島などまで見渡せる。

都道最南端から🥾
1時間5分

## 南崎
みなみざき

南崎遊歩道終点のビーチ。少し泳げば熱帯魚とサンゴが見られる。潮の流れが速いため沖には出ないように。

都道最南端から🥾45分
休憩所……○　トイレ……×

## 御幸之浜
みゆきのはま

集落から比較的近く、石浜だがサンゴが美しいのでシュノーケルに向いている。海域公園に指定。

沖港から🚗で5分
休憩所……○　トイレ……×

## スリバチ展望台

南崎遊歩道の中心にあり、大きくくぼんだクレーターが見える。かつて島の子供たちが滑って遊んでいた。

南崎遊歩道入口から🥾30分
都道最南端から🥾15分

## 買う&食べる

### 沖港／みやげ
### クラフトイン ラメーフ

地図p.150-F
沖港から🚶4分

ログハウス風のペンションでおみやげも販売。アジアンテイストのパレオ1650円〜やオリジナルTシャツ2415円〜は、かわいいイラストで女性に人気。また、アカギの木で作った箸やオガスコ、島レモンのジャムなど、小笠原の素材を生かしたものを取り扱う。

- ☎ 04998-3-2140
- ⏰ 9:00〜12:00、15:00〜17:00
- 休 不定
- ¥ パレオ1650円〜  P あり

### 沖港／レストラン
### ビストロミストラル

地図p.152
沖港から🚶8分

ロース記念館の斜向かいにあるレストラン。イタリアンワインや、島の野菜を使った料理が味わえる。家庭菜園で唐辛子を育てていることもあり、四川風麻婆豆腐1000円などの激辛メニューも多数。そのほかベ

ーコンと島甘唐のゴルゴンゾーラ焼き1200円や島唐辛子味噌のマルゲリータピザなどもぜひ試したい一品。モダンなインテリアの店内でゆったりと食事が楽しめる。

- ☎ 04998-3-2272
- ⏰ 18:00〜22:00(21:00LO)
- 休 不定
- ¥ 1500円〜
- P なし

### 沖港／居酒屋
### 島っ娘
しまっこ

地図p.152
沖港から🚶8分

父島や母島の島っ子が集まり、誕生会や歓送迎会などが毎日のように開かれている和風居酒屋。和気あいあいとした雰囲気だから、観光客も楽しめる。地元の人たちから生の情報がゲットできるのもいい。鉄板付きのテーブル席があり、お好み焼きなどのメニューが味わえる。そのほか砂肝など4種類の焼き鳥ミックス900円、水菜とベーコンのサラダ700円などもある。母島のラム酒ロック400円、生ビール700円。弾き語りなどのライブも行っている。

- ☎ 080-2381-5706
- ⏰ 18:00〜24:00
- 休 水・日曜
- ¥ 夜2500円〜
- P なし

### 母島／喫茶
### コミュニティサロン ル・シエル

地図p.152
沖港から🚶7分

ウッドデッキが目印のカフェ。島野菜カレーや丼モノなど、日替わりメニューが人気。季節限定の島レモンジュース500円は島の新鮮なレモンをふんだんに使用した爽やかで甘酸っぱい贅沢な一杯。食事以外にも小笠原土産の販売もしている。母島宝石のサンゴのお守り1080円は血赤珊瑚を使用した小笠原ならではのもの。島ゆかりのミュージシャンによるライブや体験教室なども開催しており、人との交流が生まれるカフェとして地元の人からも親しまれている。2階にはB&Bの宿になっている。

- ☎ 04998-3-2139
- ⏰ 9:00〜17:00
  （時期により変動あり）
- 休 不定
- ¥ 500円〜
- P なし

# 泊まる

### 母島／ペンション
## クラフトイン ラメーフ

地図p.150-F
沖港から🚶4分

玄関には母島特産のロース石。館内はヒバ材をふんだんに使用し、真夏でも小笠原の森の中にいるようだ。必ず8品出される夕食メニューは、できるだけ島の素材を利用したもの。白身魚のハーブ揚げや青パパイヤの煮なますなど珍しいオリジナルメニューのほか、漁師の御主人が獲ってくるオナガダイなど新鮮な魚の刺身といった島ならではの味に食欲も進む。

- ☎ 04998-3-2140
- ¥ (1泊2食付) 9975円(通年)〜
- ℹ 開業1997年／11室／HPあり

### 母島／ユースホステル
## アンナビーチ母島 ユースホステル
あんなびーちははじまゆーすほすてる

地図p.150-F
沖港から🚶4分

沖港を見下ろす高台の上に建てられた、カナディアン調のかわいらしいユースホステル。友情のシンボルカラーだという黄色の外観が目をひく。洋室4部屋は相部屋なので料金は手頃。仲間ができやすく、一人でも安心だ。食事はボリュームがあり美味しいと評判。リピーターも多い。

- ☎ 04998-3-2468
- ¥ (1泊2食付)会員5780円、非会員6380円
- ℹ 開業2000年／4室／HPあり

### 母島／ペンション
## ペンションりゅう

地図p.152
沖港から🚶3分

季節ごとの島の食材を使った食事が評判のペンション。家庭的な味で品数が多くボリューム満点。夕食では毎回、料理の説明をホワイトボードに書いておいてくれるのが嬉しい。洗濯機200円が使用できるので便利。各部屋には冷蔵庫もあり。近くには月ヶ岡神社や清見ヶ丘鍾乳洞などがあり、観光もしやすい立地にある。

- ☎ 04998-3-2051
- ¥ (1泊2食付) 8100円〜
- ℹ 開業2001年／6室

### 母島／ペンション
## ペンションドルフィン

地図p.152
沖港から🚶5分

沖港から小剣先山へ向かう手前にある、白い外観が目をひくペンション。館内は清潔で居心地がいい。料理は海の幸が味わえると評判。新婚旅行やフルムーンカップルで訪れる人たちからも人気が高い。

- ☎ 04998-3-2002
- ¥ (1泊2食付) 8500円(通年)〜
- ℹ 開業1999年／6室

### 母島／ペンション
## アイランドリゾート 母島ナンプー
あいらんどりぞーとははじまなんぷー

地図p.152
沖港から🚶10分

全室バス・トイレ付でアメニティなども充実した、居心地の良いペンション。レストラン「アウストロ」や民宿ナンプーも併設。

- ☎ 0120-188-887
- ¥ (1泊2食付) 1万3500円〜／民宿ナンプーは1万円〜
- ℹ 開業2009年(民宿は2005年)／12室／HPあり

※2名1室利用（一人あたり）の料金を掲載

旅の思い出を買って帰ろう
# 小笠原みやげ

プレゼントにもぴったり！

レモンやパッションフルーツなど島の食材を使った商品や、小笠原の海を感じられる商品は、本土ではなかなか手に入らないもの。島内のお店のほか、おがさわら丸船内などで買えるものもある。

### オガスコ（810円） Ⓐほか

島の特産の島レモン、パッションフルーツ、青唐辛子、塩をブレンドした辛味調味料。パスタや唐揚げなどに。

### 和紙の魚（1300円～） Ⓑ

一つ一つ手作りで作られた和紙の魚。トビウオやカサゴなど種類豊富。家にいながら海気分が味わえる。

### ギョサン
（710円～） Ⓒほか

船上で滑らず、海のアクティビティに最適。写真のカリプソシリーズはカラーも豊富。スーパー小祝では3Lサイズまである。

### 亀カレー（1200円） Ⓓほか

アオウミガメの稀少な肉が使用されているレトルトカレー。ルウの中の亀肉は柔らかく食べやすい。

### 東京最南端のフェイスマスク (1枚390円) Ⓔ

小笠原「島レモン」のうるおいが詰まったフェイスマスク。レモンのやさしい香りが広がる。

### 島レモンカード (670円) Ⓔ

島レモンにバターや卵を混ぜたカスタードクリーム。パンやクラッカーとの相性もよく、使い方はさまざま。

### 鯨のスプーン (378円)
### 鯨のカップ (大1404円) Ⓕ

鯨の形をしたステンレスのスプーンと鯨の絵柄が入ったカップ。ジャンプしていたり潮を吹く姿が愛らしい。

### 小笠原の塩 (972円) Ⓒほか

父島周辺の海水から手作りで生産。ミネラルを含んだまろやかな味で料理人も愛用。140gのものは540円で販売されている。

小笠原みやげ

---

● **ショップ情報**

Ⓐ…JA農産物観光直売所　☎04998-2-2940／⏰8:00～17:30／㊡おがさわら丸出港翌日／地図p.143-D
Ⓑ…わしっこ屋　☎04998-2-2053／⏰10:30～14:00、16:00～19:00（おがさわら丸出港日は9:00～14:00）／㊡おがさわら丸出港翌日／地図p.143-D
Ⓒ…スーパー小祝　☎04998-2-2337／⏰8:00～18:30／㊡おがさわら丸入港前日／地図p.143-D
Ⓓ…まーる　☎04998-2-7150／⏰10:00～17:30／㊡おがさわら丸出港翌日／地図p.143-D
Ⓔ…TOMATON　☎04998-2-7790／⏰9:30～18:00／㊡土・日曜・祝日（おがさわら丸の入港中は営業）／地図p.143-C
Ⓕ…バンガロウル　☎04998-2-3366／⏰9:00～19:00／㊡おがさわら丸入港前日／地図p.143-D

# さくいん
—目的別—

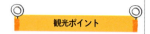

## 観光ポイント

――― あ ―――

- 藍ヶ江港(八丈島) ……… 113
- 青ヶ島 ……… 119
- 青ヶ島港(三宝港) ……… 120
- 青ヶ島村ふれあいサウナ ……… 120
- 赤禿(大島) ……… 33
- 阿豆佐和気命神社(利島) ……… 55
- 硫黄沼(八丈島) ……… 106
- 池之沢噴気孔群(青ヶ島) ……… 120
- 石白川海岸(式根島) ……… 76
- 石山展望台(新島) ……… 66
- 伊豆大島火山博物館 ……… 41
- 宇喜多秀家の墓(八丈島) ……… 100
- 裏見ヶ滝(八丈島) ……… 113
- 大浦海岸(式根島) ……… 76
- 大坂峠(八丈島) ……… 112
- 大島 ……… 26
- 大島ふるさと体験館 ……… 45
- 大島町郷土資料館 ……… 46
- 大島公園 ……… 38
- 大凸部(青ヶ島) ……… 120
- 大村海岸(父島) ……… 146
- 小笠原海洋センター(父島) ……… 142
- 小笠原ビジターセンター(父島) ……… 142
- 乙千代ヶ浜(八丈島) ……… 112
- 踊子の里(大島) ……… 47
- 踊子の里資料館(旧港屋旅館)(大島) ……… 47

――― か・さ ―――

- 火山体験遊歩道(三宅島) ……… 86
- 神引展望台(式根島) ……… 73
- 唐滝(八丈島) ……… 106
- 旧甚の丸邸(大島) ……… 48
- ぐんじ山展望台(式根島) ……… 73
- 神津島 ……… 79
- 弘法浜(大島) ……… 40
- 小富士(母島) ……… 153
- コペペ海岸(父島) ……… 147
- 小港海岸(父島) ……… 147
- 境浦(父島) ……… 146
- 三郎浜(新島) ……… 63
- サンセットパームライン(大島) ……… 44
- 式根島 ……… 71
- ジニービーチ(父島) ……… 147
- ジョンビーチ(父島) ……… 147
- スリバチ山展望台(母島) ……… 153
- 製氷海岸(父島) ……… 147

――― た ―――

- 大路池(三宅島) ……… 86
- 為朝館跡(大島) ……… 40
- 乳ヶ崎(大島) ……… 44
- 地層大切断面(大島) ……… 49
- 父島 ……… 128
- 乳房山(母島) ……… 152
- 町営牧場・ぶらっとハウス(大島) ……… 44
- 長寿寺(利島) ……… 55
- 長太郎池(三宅島) ……… 86
- 椿花ガーデン(大島) ……… 45
- 釣浜(父島) ……… 147
- 天上山(神津島) ……… 81
- トウシキ園地(大島) ……… 49
- 東台所神社(青ヶ島) ……… 120
- 利島 ……… 54
- 利島村郷土資料館 ……… 55
- 泊海岸(式根島) ……… 76
- 都立八丈植物公園 ……… 100

――― な ―――

- 長根浜公園(大島) ……… 40
- 中ノ浦海岸(式根島) ……… 76
- 南原千畳岩海岸(八丈島) ……… 101
- 新島 ……… 58
- 新島ガラスアートセンター ……… 64
- 新島現代ガラスアートミュージアム ……… 65
- 新島村博物館 ……… 66
- 登龍峠(八丈島) ……… 101

――― は ―――

- はしけと海の歴史広場(利島) ……… 55
- 波治加麻神社(大島) ……… 33
- 八丈島 ……… 96
- 八丈島甘藷由来碑 ……… 101
- 八丈島歴史民俗資料館 ……… 100
- 八丈服部屋敷 ……… 112
- 八丈富士 ……… 109
- 初寝浦(父島) ……… 147
- 母島 ……… 149
- 波浮港(大島) ……… 47
- 波浮港見晴台(大島) ……… 48
- 羽伏浦海岸(新島) ……… 62
- 羽伏浦新東京百景展望台(新島) ……… 65
- 波布比咩命神社(大島) ……… 49
- 富士見峠展望台(新島) ……… 66
- 筆島(大島) ……… 50
- ふるさと村(八丈島) ……… 101
- ふれあい牧場(八丈島) ……… 99
- 蓬莱根海岸(母島) ……… 153
- 本村前浜海岸(新島) ……… 62

――― ま・ら・わ ―――

- 前浜海岸(神津島) ……… 80
- 間々下海岸(新島) ……… 62
- 丸山(青ヶ島) ……… 120
- 御蔵島 ……… 88
- 南ヶ山園地(利島) ……… 56
- 南崎(母島) ……… 153
- 南島(父島) ……… 136
- 三原山(大島) ……… 34
- 三原山(八丈島) ……… 106
- 三宅島 ……… 83
- 三宅島自然ふれあいセンター アカコッコ館 ……… 84
- 宮塚山(利島) ……… 56
- 宮之浜(父島) ……… 146
- 御幸之浜(母島) ……… 153
- メガネ岩(三宅島) ……… 86
- ロース記念館(母島) ……… 152
- 若郷前浜海岸(新島) ……… 63
- 脇浜なぎさ公園(母島) ……… 153

## 食べる

――― あ・か ―――

- あそこ寿司(八丈島) ……… 105
- いそざきえん(八丈島) ……… 105
- 魚味幸(大島) ……… 43
- 梅与(新島) ……… 68
- 大関寿司(大島) ……… 50
- 海鮮茶屋寿し光(大島) ……… 43

- CAFE 691(三宅島) ………………… 87
- 季まま亭(大島) …………………… 46
- 空間舎(八丈島) …………………… 104
- 厨(八丈島) ………………………… 102
- 心月(八丈島) ……………………… 104
- コミュニティサロンル・シエル(母島) … 154
- 古民家喫茶 中之郷(八丈島) …… 116

─────── さ ───────
- 栄寿司(新島) ……………………… 67
- 雑魚や紀洋丸(大島) ……………… 43
- さぶちゃん(三宅島) ……………… 87
- サンシャイン(新島) ……………… 67
- サンバレー(式根島) ……………… 77
- 島っ娘(母島) ……………………… 154
- 千漁(式根島) ……………………… 77
- 千両(八丈島) ……………………… 116

────── た・な・は ──────
- チャーリーブラウン(父島) …… 143
- 鳥勝(新島) ………………………… 68
- ビストロミストラル(母島) …… 154
- ボニーナ(父島) …………………… 143

────── ま・や・ら ──────
- まいとりぃ(神津島) ……………… 81
- 丸丈(父島) ………………………… 142
- 港鮨(大島) ………………………… 50
- 美家古寿し(神津島) ……………… 82
- むらた(八丈島) …………………… 116
- やまんばハウス(八丈島) ……… 102
- 梁山泊(八丈島) …………………… 103
- れすとハウス(新島) ……………… 68
- 蓮華(八丈島) ……………………… 103

買う

─────── あ・か ───────
- 青ヶ島製塩事業所 ……………… 120
- 井上土産店(式根島) ……………… 77
- 海市場(大島) ……………………… 41
- えこあぐりまーと(八丈島) …… 116
- 恵比寿屋(大島) …………………… 43
- ガーデン荘(八丈島) …………… 116
- かじやベーカリー(新島) ………… 67
- がんばるじゃん(新島) …………… 67
- 黄八丈めゆ工房(八丈島) ……… 113

- くさやの小宮山(大島) …………… 50
- クラフトインラメーフ(母島) ‥ 154・155

─────── さ・た ───────
- 雑貨屋ラミ(八丈島) …………… 115
- JA農産物観光直売所(父島) …… 157
- JA東京島しょ利島店 …………… 56
- 十一屋酒店(青ヶ島) …………… 120
- スーパー小祝(父島) …………… 157
- 椿寿窯(大島) ……………………… 46
- 利島村漁業協同組合 …………… 56
- TOMATON(父島) ……………… 157

────── な・は・ま ──────
- にいじま漁協式根島事業所 …… 77
- 八丈島ジャージーカフェ ……… 115
- 八丈ストア ……………………… 115
- 八丈民芸やました ……… 113・115
- バンガロウル(父島) …………… 157
- 藤井工房(大島) …………………… 43
- まーる(父島) …………………… 157
- 丸金商店(神津島) ………………… 82
- 丸五商店(新島) …………………… 68
- 丸十水産(八丈島) ……………… 102
- マルタ水産加工場(八丈島) …… 115
- 御蔵島農協 ……………………… 89
- 三宅島酒造 ……………………… 87
- 宮原(新島) ………………………… 68
- 宮房商店(式根島) ………………… 77
- 民芸あき(八丈島) ……………… 103
- モリヤマ(利島) …………………… 56

────── や・ら・わ ──────
- よっちゃーれセンター(神津島) ‥ 82
- ローカルベーカリー(父島) …… 142
- わしっこ屋(父島) ……………… 157

温泉

─────── あ ───────
- 愛らんどセンター御神火温泉(大島) … 41
- 足付温泉(式根島) ………………… 75
- 足湯きらめき(八丈島) ………… 113
- 憩の家(式根島) …………………… 74
- 裏見ヶ滝温泉(八丈島) ………… 114

────── か・さ・な ──────
- 樫立向里温泉 ふれあいの湯(八丈島) … 114

- 神津島温泉保養センター ……… 81
- 地鉈温泉(式根島) ………………… 74
- 末吉温泉 みはらしの湯(八丈島) ‥ 114
- 中之郷温泉 やすらぎの湯(八丈島) … 114

────── は・ま・や ──────
- ブルーポート・スパ ザ・BOON(八丈島) … 114
- ふるさとの湯(三宅島) …………… 84
- 松が下雅湯(式根島) ……………… 75
- 御釜湾海中温泉(式根島) ………… 75
- 元町浜の湯(大島) ………………… 40
- 湯の浜露天温泉(新島) …………… 65

その他

─────── あ・か・さ ───────
- アラベスク(八丈島) …………… 110
- エスコート(父島) ……………… 135
- エレガンス(新島) ………………… 63
- 小笠原ダイビングセンター(父島) ‥ 135
- 小笠原ホエールウォッチング協会(父島) … 133
- 空間舎(八丈島) ………………… 111
- グローバル・ネイチャー・クラブ(大島) … 37
- サーフステーションハブシ(新島) … 63
- シータック(父島) ……………… 130
- 自然体験ガイド・ソルマル(父島) … 135

─────── た・な ───────
- ダイビングサービスKAIZIN(父島) ‥ 135
- ダイブステーション母島 ……… 151
- 父島観光クルーズボート
  ピンクドルフィン ……………… 130
- 利島ダイビングサービス ………… 55
- 新島マリン ………………………… 63

─────── は・ま・ら ───────
- 八丈ビジターセンター ………… 111
- 母島観光協会 …………………… 152
- パパスダイビングスタジオ(父島) ‥ 135
- パパヤマリンスポーツ(父島) ‥ 130・137
- プーランプーランシー
  カヤッククラブ(父島) ………… 135
- プロジェクト・ウェーブ(八丈島) ‥ 108・111
- ボニンブルーシマ(父島) ……… 141
- mahana(三宅島) ………………… 85
- マルベリー(父島) ……………… 141
- レグルスダイビング(八丈島) ‥ 110

159

## 制作スタッフ

| | |
|---|---|
| 取材・執筆・編集 | 高木健太　佐藤成美<br>南雲恵里香　今田 壮<br>平野貴大<br>（株式会社 風来堂）<br>大海渡宏美 |
| | 玉井 惠　行方康彦　工藤 博<br>高橋智子　柏木明子<br>（株式会社プランニング アドゥ）<br>有川美紀子　岩崎由美<br>小椋ゆきの　藤沢ゆみこ |
| 編集協力 | 8823堂 アイ |
| 写真 | 株式会社プランニング アドゥ<br>押小路実美　小山敦史<br>笠井正利　原 寛行　野元 学 |
| カバーデザイン | 寄藤文平+鈴木千佳子（文平銀座） |
| イラスト<br>（カバー+てくちゃん） | 鈴木千佳子 |
| 本文デザイン設計 | 浜名信次(BEACH) |
| 地図制作 | 株式会社 千秋社<br>オゾングラフィックス |
| 写真提供 | 大島観光協会　新島観光協会<br>式根島観光協会　神津島観光協会<br>八丈島観光協会　小笠原村観光協会<br>母島観光協会　東京観光財団<br>東京諸島観光連盟　小笠原村観光局<br>東京島しょ振興公社　東海汽船<br>小笠原海運　三宅島アカコッコ館<br>三宅島スナッパー<br>グローバル・ネイチャー・クラブ<br>小笠原ホエールウォッチング協会<br>マルベリー　各町村観光担当課<br>中村風詩人（コミュニティサロン<br>ル・シエル）　八丈ビジターセンター<br>各施設 |

ブルーガイド てくてく歩き 8
伊豆諸島・小笠原
（いずしょとう・おがさわら）

2018年2月15日　第8版第1刷発行(B)

| | |
|---|---|
| 編　集 | ブルーガイド編集部 |
| 発行者 | 岩野裕一 |
| 印刷・製本 | 大日本印刷株式会社 |
| DTP | 株式会社 千秋社 |
| 発行所 | 株式会社 実業之日本社<br>〒107-0062<br>東京都港区南青山5-4-30<br>CoSTUME NATIONAL<br>Aoyama Complex 2F |
| 電話 | 編集・広告　03-6809-0452<br>販売　03-6809-0495<br>http://www.j-n.co.jp/ |

●本書の地図の作成に当たっては、国土地理院長の承認を得て、同院発行の5万分の1地形図、2万5千分の1地形図を使用したものである。（承認番号　平13関使、第218号）
●本書の一部あるいは全部を無断で複写・複製（コピー、スキャン、デジタル化等）・転載することは、法律で定められた場合を除き、禁じられています。また、購入者以外の第三者による本書のいかなる電子複製も一切認められておりません。
●落丁・乱丁（ページ順序の間違いや抜け落ち）の場合は、ご面倒でも購入された書店名を明記して、小社販売部あてにお送りください。送料小社負担でお取り替えいたします。ただし、古書店等で購入したものについてはお取り替えできません。
●定価はカバーに表示してあります。
●小社のプライバシー・ポリシー（個人情報の取り扱い）は上記ホームページをご覧ください。

©Jitsugyo no Nihon Sha, Ltd. 2018 Printed in Japan

ISBN978-4-408-05738-5（第一BG）